《泰山财经博士文库》编委会成员

中国政府科技投入
经验研究与实证研究

徐晓雯　著

上海三联书店

摘　要

本书立足于经济学的角度,采用理论分析、统计分析、比较分析和计量分析等多种分析方法,对政府科技投入的问题进行全面、系统地研究,具体包括:政府投入科技活动的必要性,投入的领域、投入的程度、投入的效应以及进一步完善的对策等一系列问题。

本书应用科技创新、公共产品与外部性及市场、政府与社会的有机配合等相关理论,对政府投入科技活动的动因进行分析表明:支持科技创新活动是政府的重要职能,是弥补市场失灵、减少创新风险的需要,对推动国家创新体系下的产学研的有机结合、保障国家安全有重大作用。同时研究表明:政府对科技的投入范围应界定在市场失灵的领域,还要体现国家战略。判断一种科技产品的政府支持力度首先应从产品的性质入手,其公共产品属性越强,政府支持的力度就应越强。在科技产品中,基础研究、共性技术和专有技术的公共性呈现由强到弱排序,因而政府对这三种产品的支持力度也应呈现由大到小的递减趋势。

对中国政府科技投入的经验分析表明:改革开放以来中国政府科技投入的绝对额呈现出持续稳定增加态势,中央政府和地方政府也都加大了对科技创新的资金支持。但通过历史比较及与国外发达国家的比较发现,中国政府科技投入无论在增长速度、投入力度、投入结构方面都存在较多问题。具体来说,最重要的是政府科技投入力度不够,R&D经费投入不足,基础研究所占比重较小,同时也存在科技投入管理、评价、监督体系不完善等问题。

政府科技投入的目的是促进科技创新进而促进经济和社会的

发展,在进行理论分析和经验分析的基础上,本书采用计量分析方法对政府科技投入的企业创新引导效应、科技创新效应、经济增长与产业发展效应进行了实证分析。实证研究发现:政府科技投入与企业科技投入之间存在着正相关关系,但不同的资助对象所产生的影响效应不同。政府投入对企业科技投入没有显著的激励效应或挤出效应。但政府对研发机构和高等院校的科技投入有明显的外溢效应,进而对企业科技投入产生较强的引导;政府科技投入与社会整体的科技产出有较强的相关性,说明政府科技投入的激励效果明显;通过协整分析表明政府科技投入与经济增长之间存在长期均衡的关系,政府科技投入是经济增长的原因,但弹性较小。政府科技投入对高技术产业具有显著的促进作用。

基于上述分析,本书提出了政府科技投入的决策和协调机制的科学化、投向及优先序的选择、投入增长机制的完善、投入结构的优化、科学合理的绩效评价机制的构建、投入管理体制的改革与完善、投入资金审计监督的强化等方面的改进建议。

关键词:政府科技投入　科技创新　引导效应　经济增长
产业发展

Abstract

Based on the theoretical, statistical, comparative and empirical analysis, this paper is devoted to a study of the government input in science and technology comprehensively and systematically from an economic perspective. And great emphasis has been put on the necessities, the scopes, the degree, the effects of government input in S&T activities, as well as the improvement counter-measures in this paper.

On the basis of theories of S&T innovation, public goods, externalities, and organic coordination about market, government and society, this paper analyzes the motivation from which government input in S&T activities, and the findings are the following: supporting S&T activities is an important function for government, it is necessary for government to remedy market failures and reduce innovation risks. The accelerating S&T activities have played a crucial role in the integration of production, education and research in the national innovation system and the security of the nation. In addition, the research states that government input in S&T activities should be limited to the scope of market failures and reflect the national strategies. The strength of the government's support to the technology product can be draw from the nature of the product. The stronger the public product character of the technology product is, the stronger the strength of the government's support is. Because the public character of basic research, generic technology and know-how is declining, the strength of the government's support to the three kinds of products also should be accordance with the declining trend.

The empirical analysis indicates that the absolute amount of China government S&T input has been increasing steadily since the reform and opening-up, and both the central and local government has enlarged the fund for S&T innovation. However, compared with its history and developed countries, there are still so many problems for government S&T input concerning the growth rate, the input intensity, the input structure, and so on. Moreover, these problems which include the weak intensity of government S&T input, the insufficient input of R&D, low ratio which basic research accounted, the imperfect system of management, valuation and supervision should be perfected and improved in future.

The objective of government S&T input is to enhance S&T innovation and then promote economic and social development. Based on theoretical and empirical analysis, in this dissertation, we make use of different econometric methods to analyze the effects of government input in S&T on enterprises, S&T innovation practice, economic growth and industry development. From the empirical analysis we find that there is a positive correlation between the strength of the government's support to the technology product and enterprise S&T input. However, there is different effect in different objective financed. And the direct S&T investment which gained from the government to enterprises has no significant incentive effect and crowding-out effect on the enterprises' S&T input. However, the government S&T input to R&D institutions and universities has significant spillover effects and strong guiding effects to enterprise. The obvious correlation between government S&T input and S&T output indicates that the government plays an important role. The co-integration analysis demonstrates that there is an equilibrium relationship between government S&T input and economic growth in the long run, and government S&T input is one of the causes of economic growth, but the elasticity is smaller. Government S&T input has prominent promoting effect on hi-tech industry.

Based on the above analysis, the following suggestions are proposed in this paper: building scientific government input policies and coordination mechanism, specifying the future government input fields and the corresponding order, perfecting growth mechanism of input, optimizing input structure, constructing scientific and reasonable performance evaluation mechanism, strengthening audit and supervision of government S&T input, etc.

Keywords: Government S&T Input   S&T Innovation Guiding Effect   Economic Growth   Industry Development

目　录

1 导　　论

1.1　研究背景与意义

科技创新是当今世界各国提升国家竞争力的重要途径,也是中国经济与社会不断发展的有力支撑。增强科技自主创新能力,建设创新型国家的战略举措已载入中国《国家中长期科学和技术发展规划纲要(2006～2020)》,并且成为中国今后经济与社会发展的战略目标和评价指标。2010年10月27日,十七届五中全会通过的《中共中央关于制定国民经济和社会发展第十二个五年规划的建议》,提出要坚持把科技进步和创新作为加快转变经济发展方式的重要支撑。深入实施科教兴国战略和人才强国战略,充分发挥科技第一生产力的作用,增强自主创新能力,推动发展向主要依靠科技进步、劳动者素质提高,管理创新转变,加快建设创新型国家。

提高科技创新能力离不开强大的经济资源作保证,这个保证的决定性因素就是科技投入。当前许多国家和地区已把大量增加科技投入看作是竞争和发展的根本,其科技投入增长速度远远高于国内生产总值(GDP)增长速度。在中国,科技投入也已成为促进科技创新的关键因素,是建设创新型国家的基本保证。

从经济学的意义上,科技创新是一种"公共产品"或"准公共产品",属于市场失灵领域,具有高成本、高风险和不确定性特征;从政治学意义上,科技创新是国家安全的重要保证,是国家战略的重要部分；从社会学意义上，科技创新是构建社会主义和谐社会的重要手段。这些都决定了科技创新活动需要政府在配置资源上发挥主导或引导作用，同时，作为一个发展中国家，也需要广泛地动员社会的其他资源参与到科技创新的资金投入中来，通过市场经济机制来优化配置这些资源、提高政府资金的使用效率。因此，在全社会科技投入中，政府科技投入是主导，企业科技投入是主体。如何发挥政府科技投入的作用，引导企业进一步加大科技投入，真正变成科技投入的主体，是加快提高自主创新能力、建设创新型国家的迫切需要，是中国当前经济、科技领域面临的一个焦点问题。

现实中，政府科技投入是政府直接资助创新活动的主要手段，不论是发达国家还是发展中国家，政府科技投入无论从所占比例上还是从投资效果上，都是一个极为重要的创新来源，其在基础研究、国家战略技术和战略产品研究、科技基础设施建设、公益科技研究以及国家安全重大项目和地区发展项目等方面均发挥重要作用。在创新型国家，虽然企业已成为技术创新的主体，但政府对科技创新的支持并未减弱。多数创新型国家一直采取各种措施来保障政府科技投入的稳定增长，其总体增长速度均高于 GDP 的增速，在政府科技投入强度（政府科技投入占 GDP 的比例）上，也一直保持 1% 以上的比例。根据 OECD 秘书处统计，在 OECD 成员国中，政府科技投入占全国 R&D 总量的比重基本上稳定在 30% 左右，企业每年从政府那里得到大量的研发经费。[①] 在 2002 年巴塞罗那峰会上欧盟又提出政府支持科技发展的行动计划，确定了"2010 年欧盟研发支出水平从当时占 GDP 的 1.9% 达到 2010 年的 3.0% 的具体目标"[②]并采取措施督促各成员国认真执行巴塞罗那峰会决议，切实采取行动，不断增加国家对研发的投入。美国的政

① DOMINIQUE, GUELLEC, BRUNOVAN POTTLESBERCHE. The Impact of Public R&D Expenditure on Business R&D Paris OECD Working paper, 2000.

② EUROPEAN COMMISSION. Building the ERA of knowledge for growth 2005：1 - 6.

府科技投入始终是推动美国 R&D 增长的主要力量,物理、生物、科学工程等基础研究领域的 R&D 经费 60% 靠联邦政府投入①。1993 年美国总统克林顿在《以技术促进增长:一个振兴美国经济的新方向》中提出,大幅度增加民用技术创新的财政投入,建设技术基础设施——全国"信息高速公路"等激励创新的措施,确保了美国在高科技方面的全球领先地位。奥巴马总统表示:他所领导的政府将是拥护科学技术的政府,并承诺要增加对科学技术的投资。宣称:"现在是我们重新将科学视为当务之急,并努力重建美国在世界上科技领袖地位的时候了。"②日本政府 1995 年出台《科技基本法》规定每年的科技预算增长幅度要高于同期预算增幅和政府其它预算的增幅,保证国家科技战略目标的实现。自 2004 年以来,韩国在财政支出大幅削减的情况下,政府研发支出以年均10.6% 的比例增加。

近年来,中国政府已采取一些措施保证政府科技投入的不断增加,如《中华人民共和国科技进步法》明确规定"国家财政用于科学技术经费的增长幅度,应当高于财政经常性收入的增长幅度,全社会科学技术研究开发经费应当占国内生产总值适当的比例,并逐步提高。";2006 年颁布的《国家中长期科学和技术发展规范纲要(2006—2020 年)》则要求"各级财政把科技投入作为预算保障的重点,年初预算编制和预算执行中的超收分配,都要体现法定增长的要求"。但是,尽管政府科技投入总量逐年稳定增加,但与科技创新的重大需求相比,与创新型国家相比,甚至与一些发展中国家相比,中国政府科技投入的总量仍然不足,投入力度不够,投入结构不尽合理,投入重点不明确,缺乏有效的资金管理及绩效评价机制等等,造成许多政府科技投入资金不能发挥其应有的功能,使政府资金和社会资金产生了极大浪费。如果不从根本上解决这些问

---

① 安宁,罗珊. 主要创新型国家科技投入分析及经验借鉴. 华南师范大学学报. 2008(4):32—34.

② 罗晖. 美的的前沿科学进展. 全球科技经济瞭望. 2010(10)。

题,建设创新型国家将成为一个空洞的政治口号。因此,全面系统地研究政府科技投入问题,无论在理论上还是在实践上都具有重大意义。

为此,本书致力于梳理国内外对政府科技投入的理论研究成果,完善理论研究框架;结合国内外政府科技投入实践着重探讨中国现行制度下的政府科技投入的成效和问题;建立政府科技投入研究的规范分析方法和实证分析方法,期望从理论上丰富和发展政府科技投入方面的相关研究,从实践上为相关部门制定决策提供参考。

1.2　国内外研究现状

1.2.1　国外研究现状

近年来,国外学者对科技创新、科技投入及政府投入各方面做出了大量的研究和积极、有益的探索,取得了很多有价值的研究成果,主要集中在以下几方面:

1) 科技创新与经济增长关系研究

经济增长一直是经济学界研究的主题。古典经济学家在研究一国如何积累财富时侧重于要素积累对促进经济增长的作用,认为要素存量对经济增长起着决定性的作用,亚当·斯密(Adam Smith)、马尔萨斯(Malthus)以及李嘉图(Ricardo)都持这种论点。

新古典经济学家侧重于对技术在经济增长中的作用的研究。熊彼特(Schumpeter,1912)提出了经济学意义上的创新概念,第一次将创新视为现代经济增长的核心,继而又于1942年提出了“创造性毁灭”理论,认为:经济的增长是不确定的,技术的突破对整个经济增长起着至关重要的作用。经济增长的不确定性内生于经济系统中,研发的水平决定其突破的可能性,而研发的水平又取决于对研发者的社会回报。熊彼特的创新理论初步给出了技术创新影响经济增长的理论支持,这种思想影响了许多研究者,直接导致之后新增长理论对技术外溢的研究的产生。随后,哈罗德(Harrod,1939)和多马(Domar,1946)的经济增长模型开创了数理经济方法在经济学中的运用,使得对经济增长的研究更加科学化、规范化,但这一模型研究却忽视了技术进步的增长作用。索洛(Solow,1957)引入全要素生产率 TFP 对哈罗德——多马模型进行批驳,认为除了资本和劳动之外,存在一个全要素生产率——技术,会引起经济增长,索洛的增长模型又称为新古典增长模型。

20 世纪 80 年代中期,由科学技术推动经济增长的内生增长理论(也叫新经济增长理论)逐渐形成,该理论认为技术不是外生因素而是作为一种生产要素内生于经济系统,是一种具有非竞争性或非排他性特征的商品,其投资的社会效益大于私人收益。内生增长理论的核心思想是科技创新是实现经济持续增长的决定性因素,该理论还认为投资者投资于 R&D 的动机减弱,会导致社会最佳投资总额减少,因此,政府的公共政策对于企业的创新意识有着长期影响。罗默(Romer,1990),格罗斯曼和海尔普曼(Crossman and Helpman,1991),阿洪与豪威特(Aghion and Howitt,1992),西格斯托姆(Segerstrom,1998)都是该理论的支持者,他们的研究都发现政府的科技投入能够鼓励企业投入更多的资源进行研发,从而有效提高经济的长期增长率。莫拉斯(Morales,2003)将 R&D 分为基础研究和应用研究,探讨了政府 R&D 支出对经济增长的影响。她认为税收激励、资助企业 R&D 和公共研发机构的基础研究对经济增长有明显的正效应,而政府从事应用研究因为挤出效应而产生负向作用。

从古典经济学家侧重于要素积累对经济增长作用的研究,到新古典经济学家重视技术在经济增长中的作用,再到新经济增长理论的科技创新是经济增长的核心的研究,创新理论得以产生与发展。新经济增长理论奠定了科学技术的核心地位,也成为以后学者们进一步研究科技发展的理论基础。

2) 政府投入科技的功能与作用研究

Musgravet 和 Rostow(1962)提出在经济发展的成熟阶段,财政支出应从以基础建设投入为主转为以人力资本支出和转移性支出为主。Griert 和 Tullock（1989）发现政府的投资性支出为经济增长提供了必要支持，财政支出对经济增长有正效应。Aschauer（1989）通过对西方七国公共投资和经济增长关系的分析，认为公共投资对经济增长有重要的作用，且公共投资大于私人投资对经济增长的贡献。Devarajan（1996）推导出政府支出是导致更高经济稳态增长率的条件，政府生产性的活动是长期经济增长和生产率提高的关键因素。

作为 20 世纪以来的一种趋势，政府介入科技领域将国家干预经济论进一步细化。阿罗（Arrow，1962）将市场失灵假定应用于技术创新政策分析，论证了基础研究产出的公共产品性质及政府资助的动因。曼斯菲尔德（Mansfield，1977）随后总结出技术创新过程的几种市场失灵，即公共产品、创新收益的独占性、外部性、规模与风险等，进一步论证政府介入科技领域，干预创新的必要性。索罗门（Salomom，1973）认为科学不能依靠自身满足发展的需要，没有任何私人的捐助或基金能够承受科学所需要的投资花费，它的发展有赖于政府的支持。弗里曼（1987）认为一国的经济发展和经济跨越，需要政府提供一些公共商品，以推动产业和企业的技术创新。贝基（Paul Beije，1998）认为科技产品具有不确定性，并根据科技创新的不确定性对创新作了分类。

随着知识经济的到来，经济增长理论研究表明现代经济增长越来越多地依赖于知识积累和科技创新，但创新机制并不能自然衍生，需要政府科技政策的引导，政府科技投入的支持，政府干预科技创新活动是创新机制自身的需求。罗默（Romer，1986）通过构建知识溢出效应模型，对知识的外溢效应进行阐释。研究结果表明：知识存在正外部效应，知识的社会边际产量与私人边际产量存在差异。由于市场失灵的存在，如果政府不进行干预，每个竞争性厂商都不会取得社会最优量的知识积累，均衡经济增长率会低于帕累托最优经济增长率。之后，罗默（1990）又提出了知识的两性：非竞争性和部分排他性，由此提出了知识易被模仿抄袭，政府应向生产知识和技术的厂商提供补贴,可以达到激励社会生产要素投资研究开发部门的目的等论点。延续这条思路,西格斯托姆(Segerstrom, 1991)将模仿也作为技术进步的一种手段。Maryann P. Feldman, Maryellen R. Kelley(2006)研究了政府R&D投入政策在促进知识外溢方面的作用,认为研发补贴对于难以准确估量的公众知识外溢具有激励作用,是最有可能提高创新和经济增长的政策工具之一。

知识的外部性也得到学者们实证研究的支持,曼斯菲尔德(Mansfield, 1981)的一项研究表明,技术创新的平均社会收益为56%,而平均私人收益为25%。随后,莱文(Levin, 1986)、默恩(Mohnen)和纳达瑞(Nadiri, 1986),格瑞克(Griliches, 1995)、沃尔夫(Wolff, 1993)、布泽姆(Busom, 2000)等也通过实证研究证实:知识产品的社会收益率是私人研发投资收益率的倍数。OECD发布的《以知识为基础的经济》(1996)的报告中,对R&D(或创新)的私人报酬率与社会报酬率的研究综述表明,社会报酬率普遍超出私人报酬率。

知识的公共产品属性与外部性导致了政府投入科技活动的必要,政府进行科技投入可以弥补市场缺陷,但政府的科技投入活动能否达到其预期目标则取决于诸多因素,如果不能克服投入障碍会导致"政府失灵"。一些学者也对此作了深入的研究,研究表明:政府投入与社会投入之间存在着一定的"鸿沟","鸿沟"在社会发展的不同阶段,表现形式也会有所不同。杰瑟·塔图姆(Jesse S. Tatum, 1995)阐述了20世纪60—90年代初期,西方运用"公众参与"来弥补"鸿沟"的有效性,并研究了科技创新在支持产业升级方面所发挥的作用。托马斯·瑞福(J. Thomas Ratchford, 1997)则考察了美国政府资金投入在技术成果转移链条中的作用及其影响方式的变化。波特(1990)认为从某种意义上讲政府只是作为一个公司的外在环境发挥作用并加强或者削弱其竞争力,政府追求的主要目标应是为国内的企业创造一个适宜的鼓励创新环境。

近年来,经济合作与发展组织的专家研究发现,公共研究基础设施的质量及其与企业界的联系是支持科技创新的一项最重要的国家资产,政府作为科研机构和高等院校的主要支持者,不仅为企业界生产基础知识体系,而且也是新的技术方法、技术人才以及科技技能的主要来源。

3) 政府科技投入的经验研究与实证研究

20 世纪 90 年代西方学者开始关注对政府科技投入问题的研究,K. Hansom 和 D. F. Burton(1992)通过采集资料,比较分析了美国和德国的政府财政科技投入状况。内尔森(Nelson,1993)等人又通过对历史数据的分析,将世界上有代表性的 15 个国家划分为高收入的大国、高收入的小国和低收入国家 3 组,对他们的政府科技投入资金的配置、R&D 经费的来源、高等院校的作用以及支持和影响技术创新的政府政策等进行对比分析。Kon Ai Tee(1995)等人也采用对比分析的方法比较了亚洲 10 个国家的政府财政科技投入方式等方面的区别。R. C. Sternterg(1996)运用 OECD 关于 R&D 统计分析的 18 个指标,比较分析了美国、英国、德国、法国、日本五个国家的高技术领域政策及科技投入的效果,并指出这五国政府在科技投入方面的区别。Riccardo Leoncini(1998)通过采集德国和意大利两国科技发展的相关资料,对其政府科技投入和技术演进过程中的相同点和不同点分别进行了比较,并对技术演进过程中两国科技政策与制度的作用提出了自己独特的见解,其专论《较长时期内技术变革的本质特性》在研究政策上发表。

此外,国外学者也对研发活动各部分之间功能和关系进行了有益的探索。经合组织编写的《弗拉斯卡蒂》手册中按照创新链条的不同将研发活动划分为三类,即基础研究、应用研究和试验发展。

英国苏塞克斯大学科技政策研究所,提出了基础研究对产业界获得经济效益的六种益处:一是增加有用知识的存量;二是为产业界提供新的设备、方法和手段;三是提供技能培训和训练有素的人才;四是提供产业界与专家网络和信息网络的接触;五是解决产业界遇到的复杂的技术问题;六是由于外溢而产生新公司。在此基础上,艾里克·阿诺(Erik Arnold,1998)等进行了补充,进一步提出了第七种益处,与产业界共享现有科研试验设备与工具,利于其降低成本。研发活动的各个部分之间存在互相制衡的机制,基础研究能为应用研究和试验发展提供更多的解决路径,开拓更多的活动空间和领域。阿伦德尔(Arundel,1997)等进行了"PACE"研究,运用 IA 卷调查、访谈方法,通过对欧洲数百家大企业进行 10 年跨度内(1985—1995)的调查,指出基础研究对产业发展的影响并不总是直接的,也不是简单线性的,其作用机制更为复杂。国外学者在基础理论方面的探索,为应用研究活动提供了重要的理论支持。

学者们对政府科技投入发挥的实际效应进行了实证研究。早期的研究重点集中在政府资助企业进行 R&D 活动对刺激企业增加自身 R&D 经费的促进作用上,即政府科技投入对企业 R&D 的激励作用。学者们对政府科技投入效果研究的结果有所不同,有的学者认为,政府的直接投入能够激励企业技术创新,如卡布隆(Capron 1998)的研究表明,在 G7(西方七国集团)中,政府长期资助的领域内(如个人计算机、通信技术等)对企业的研发有明显的刺激作用。Lach(2002)估计了政府研发投入激励企业创新行动的效应。最有影响力的是 OECD 在 2000 年的《公共研发支出对企业研发的影响》研究报告中指出,通过企业进行的政府对研发的直接资助对企业研发筹资有积极的作用,精心设计的政府计划对企业的研发有杠杆作用。

但有的学者却认为政府的直接投资会排挤企业研发资金的投入,产生挤出效应。马姆尼斯和纳达瑞(Mamuneas and Nadiri,1996)对美国制造业的研究表明,接受资助的企业会增加其研发投入,同一行业中,没有接受资助的企业会减少其研发开支。他们认为,接受资助的企业研发有可能产生"技术外溢",从而使竞争对手获益,并对其竞争对手的研发投入产生替代效应。马姆尼斯和纳达瑞的研究引起了人们对政府科技投入在企业 R&D 支出替代效应方面的关注。戴维(David，2000)认为政府科技投入对企业替代效应主要表现为，政府资助刺激了要素的需求，提升了要素价格（如提升了研究者的工资水平等），从而提高了企业研发的成本，导致企业研发支出的减少。影响力较大的是英国的特伦·基莱(Terence Kealey)提出了关于这种挤出效应的两条定律：一是国家对科学研究的投入会替代私人对科学研究的投入；二是这种替代是不成比例的，国家的投入所导致的替代大于投入本身。

国外学者的研究范围较为宽泛，多采用比较分析法和实证分析法进行研究，特别是数理研究方法在研究中的应用，使研究更具有科学性。但由于样本的选择有区域的局限性，因此有较大的偶然性。即使是同一学者的研究也会因为不同国家的样本数据和不同层面的研究，得出不同结论。

1.2.2 国内研究现状

中国学者的研究方向和研究内容大多和国家政策紧密相联，对科技创新及科技投入的研究也不例外，从建国后的"向科学进军"到改革开放的"科学技术是第一生产力"到"科技兴国"战略，再到近年来的"创新型国家"的建设，随着国家越来越重视科技创新，学者们也从不同角度、不同范围、采用不同的研究方法对科技创新及其激励方式、方法、手段进行深入研究。作为促进科技创新的重要政策及资金支持的政府科技投入自然也是学者们关注的热点。目前我国的研究主要集中在：政府科技投入与经济增长的关系研究、从国家层面和区域层面研究政府科技投入的领域、模式和结构等问题、政府科技投入的效应及绩效评价等等。

1) 政府科技投入与经济增长关系研究

我国学者关注科技投入与经济增长关系的研究较多，而专门研究政府科技投入与经济增长关系的较少。近年来，我国学者对政府科技投入影响经济增长的研究，主要集中在两个方面：一是在介绍、引进和应用国外的相关研究成果基础上，结合我国国情，定性分析我国政府科技投入与经济增长之间的关系；二是在运用相关理论结合我国的实际经济数据进而采用计量经济学方法进行实证检验,定量分析政府科技投入与经济增长的关系。

朱春奎(2004)运用时间序列动态均衡关系分析方法,通过对我国1978—2000年财政科技投入与经济增长的有关数据变量进行协整分析与因果关系检验,建立了误差修正模型,研究结果表明:财政科技投入与经济增长存在动态均衡关系。郭庆旺(2003)对我国财政支出结构与经济增长关系进行了实证分析表明:财政人力资本投资比物质资本投资的经济增长效益更大,用于科学研究的支出所带来的经济增长远远高于物质资本投资和人力资本投资所带来的经济增长。范柏乃、江蕾、罗佳明等(2004)从宏观的角度研究了财政科技投入与经济增长的关系,研究结果显示:财政科技投入是经济增长的原因,但经济增长并不构成财政科技投入增长的原因。曾娟红、赵福军(2005)的实证分析指出,行政管理支出与经济增长之间呈负相关关系,社会文教支出和国防支出与经济增长之间呈现正相关关系,我国的财政支出结构需进一步优化。吕忠伟等(2006)通过对经济模型的Granger检验证实了我国财政科技投入与经济增长之间的相互关系及传导机制。胡恩华(2006)采用1991—2003年度统计数据,运用广义的科布——道格拉斯生产函数,对中国科技投入的经济效果进行了实证检验,研究发现中国科技投入不但对当期的经济增长具有促进作用,而且存在滞后效应,滞后期为两年。许治(2007)在Aghion与Howitt(1998)模型基础上,引入政府R&D的财政约束变量,构建了包含政府R&D支出的内生增长模型,采用协整分析方法,对1991—2005年间中国政府R&D的不同支出方式与经济增长之间的关系进行了验证,实证检验发现:中国政府R&D与经济增长之间存在长期均衡关系,政府R&D支出的增加促进了国民经济增长,但R&D部门的应用研究对经济增长长期弹性为负数,不能有效促进经济增长。苏俊斌等人(2007)采用统计资料和深度访谈等方法,对我国各级地方政府科技投入的分布状况及其相关因素进行了经验分析,结果表明:地方政府科技投入的差异程度大于经济发展的差异,地方政府科技投入与当地经济发展状况和产业结构密切相关,经济越发达的地区,政府科技投入越多,而在经济欠发达的地区,政府科技投入越少。梁文凤,任大鹏(2008)采用协整分析方法,对陕西省1987—2006年财政科技投入与经济增长的有关数据变量进行检验,揭示了财政科技投入与经济增长的关系,并提出了相应的政策建议。严成樑(2009)在一个资本积累和创新相互作用的增长框架中引入政府研发投资,研究了政府研发投资对经济增长的影响,研究发现:政府研发投资通过影响休闲劳动选择、消费投资选择,从而影响经济增长,政府研发投资规模越大,经济增长率越高。

2) 政府科技投入领域及模式研究

在投入领域方面,学术界普遍认为政府科技投入应该投入到基础研究、战略性技术、公益性技术、关键性技术以及产业共性技术等领域的研发活动。徐俊(2005)提出应加大农业和社会发展领域科技投入占政府科技总投入的比例,从目前的25%逐步调整到50%。孙泽生、曲昭忠(2006)通过理论和案例分析认为地方财政科技投入倾向于支持竞争性领域的研发活动,由于项目管理部门与申请机构的信息不对称,加大了监管的难度,不利于提升产出绩效,提出政府要重视科技基础设施投入,使政府资金发挥更大效用。王艳,徐东(2007)认为目前我国应合理界定财政科技投入"进入"和"退出"的领域,按照公共财政的原则,重点支持市场失灵领域,逐步退出竞争性、服务性领域,并按照WTO《补贴与反补贴措施协议》规定,政府投入应控制在基础研究、尖端共性技术和高新技术产业等关键性的科技创新范围内,逐步退出对技术成果的产业化、商品化等属于企业行为的资金投入。

国内学者对于政府科技投入规模与结构给予高度关注。彭鹏,李丽亚(2003)对"九五"以来我国财政科技投入的总量和结构进行了深入分析,指出了我国财政科技投入在总量、结构和管理中存在的问题,并提出了具有针对性的建议。肖鹏、国建业(2004)分析了发达国家科技投入规模与结构的变化趋势,认为我国政府研发投入占全国研发投入的比例、政府研发投入占GDP的比例以及政府研发投入占政府财政支出的比例都偏低,并提出提高我国财政科技投入规模与优化其结构的对策。肖广岭(2007)通过对发达国家科技投入规模以及我国国家和地方层面科技投入规模的分析,提出科技投入合理规模判断的若干原则。刘凤朝,孙玉涛等(2007)构建了政府科技投入结构的分析框架和指标,并运用1991—2005年的数据对我国中央与地方政府科技投入结构演变和弹性进行分析。结果表明:地方政府缺乏科技投入的积极性,导致政府科技投入增长速度慢于经济增长;中央财政支出对科技投入的弹性大于地方财政的弹性。朱九田(2007)通过分析我国科技投入状况,认为目前我国的财政科技投入在其管理方面存在诸多问题,如科技基础设施投入不足、社会公益性研究资金缺乏、政府支出预算科目局限性大以及在管理上存在中央和地方职能错位等问题。寇铁军、孙晓峰(2007)对我国财政科技支出总量和结构进行了实证分析,并揭示存在的主要问题,提出切实可行的对策。王书玲,赵立雨(2009)以部分发达国家和工业化国家为代表,对政府科技投入规模、科技投入强度等方面进行比较分析。在此基础上,运用计量经济方法对我国政府科技投入目标强度进行检验,为我国政府科技投入决策提供借鉴。

国内学者还针对特定地区政府科技投入的结构、方式、强度规模等进行了多角度研究。高仁全,郭红等(2004)通过对四川省财政科技投入总量、结构、科技三项费用及 R&D 投入情况研究,分析了四川省财政科技投入的现状并指出存在的问题,并对四川省财政科技投入体系的建立与完善提出了对策建议。余小方,余振乾等(2004)重点分析了陕西省财政科技投入管理中存在的问题,提出调整和完善省级财政科技投入的基本思路,并对全省财政科技投入的方向、结构、方式进行了论述。高振峰(2005)通过把河北省科技投入规模与其本身经济规模和与我国其他省份进行比较认为,河北省科技投入规模偏小,结构不合理,认为河北省科技投入与经济增长的关系处于规模递增阶段,因此,要加大科技投入规模和调整科技投入结构。

近年来，国内的一些学者提出了创新导向型财政支出或公共投入概念。戴毅、牛昕等（2009）认为，创新导向型财政支出是政府为激励创新活动而确定的财政支出总规模和支出结构，其主要目标就是促进创新的集聚、产生、扩散、及创新成果由潜在生产力向现实生产力的转化。就作用对象而言，创新导向型财政支出主要包括对创新环境（广义的基础设施建设、制度创新、激励政府官员提高资源配置效率等）、创新主体（企业和高等院校等科研机构）和对人力资本的投入。

3）政府科技投入效应及绩效评价研究

近年来，我国学者也开始关注政府科技投入的效应问题，姚洋、章奇（2001）通过考察我国政府的投资效应，认为政府在 R&D 投资方面占主导地位并不是一种有效率的配置状态，政府所属研究机构的 R&D 支出对企业的效率有负的影响，因此，R&D 活动应以企业为主体，还要加快公共研究机构的转化。陈昭锋等（2002）从理论上探讨了政府科技投入对企业科技投入的替代效应；师萍与许治（2005）分析了我国政府公共 R&D 投入对企业 R&D 支出的影响，研究表明：政府公共 R&D 投入的杠杆作用大于挤出效应，政府向高校提供研发资助可能会挤出企业 R&D 支出。

刘凤朝，孙玉涛（2007）通过对 Agosin 和 Mayer（2000）投资模型的修正，建立科技投入模型，重点分析中央和地方政府的科技投入对其他科技投入的效应。分析结果表明：政府科技投入对其他科技投入具有挤入效应，但并不显著；中央政府的科技投入对挤入效应的贡献大于地方政府的贡献；政府对大学的科技投入具有显著的挤入效应，对科研机构和大中型企业的投入具有显著的挤出效应。彭华涛（2007）系统论述了政府科技投入绩效评价的功能与目的，具体测算了武汉市政府科技投入乘数以及触发效应系数，揭示了武汉市政府科技投入的相关规律。杜文献、吴林海（2007）构建了政府科技投入影响企业 R&D 投入的线形模型，以 1991—2004 年我国政府与企业 R&D 投入为例，从宏观层次上实证检验了政府 R&D 投入对企业 R&D 投入的诱导效应，并基于建设创新型国家的视角,解释了研究结论的政策含义。

刘穷志(2009)通过建立回归模型进行实证分析表明,公共财政支出是激励自主创新的有效途径,激励自主创新的公共财政支出最优规模可以测算,并测算出激励我国自主创新的政府支出最优规模是:政府 R&D 经费支出占 GDP 的 0.621%,这一指标接近发达国家现实规模。简兆权,刘荣(2009)根据广东省 1991—2005 年企业创新活动的相关数据,从宏观角度实证分析政府财政投入对企业创新活动的诱导效应和乘数效应,研究结果发现:政府财政投入对企业诱导效应显著,且具有时滞效应,滞后期约为 2 年,长于 OECD 国家的平均水平。

胡永平,祝接金等(2009)以不同经济发展水平的中国地区为研究对象,采用面板数据随机系数模型,实证分析了我国东、中、西地区不同政府科技支出项目的生产率改进机制和生产率改进效应。研究结果显示:不同地区、不同政府科技支出项目的生产率改进机制和效应不完全相同,故三个地区政府科技支出的调整方向不完全相同,东部地区应侧重于增加政府科学事业费支出规模,而中、西部地区则需重点扩大政府科技三项费支出规模。彭华涛,王峰(2010)对财政科技投入效应的潜变量及观察变量、财政科技产出效应的潜变量及观察变量分别进行设置,通过建立财政科技投入产出效应的结构方程模型,揭示了财政科技投入与产出效应的关联性,并得出了财政科技投入与财政科技产出效应之间的路径系数。

在绩效评价方面:袁志明、虞锡君(2004)将财政科技投入绩效评价分为优、良、中、差四个等级,使用项目计划执行状况指标、财政科技投入的带动效应指标、技术进步技术创新指标、直接经济效益指标、间接效益和社会效益指标对 1999—2001 年嘉兴市本级财政科技投入的绩效进行了实证分析。邓向荣(2005)从全新的视角重新定义绩效的概念,并在此基础上构建了创新型评价指标体系。他认为创新型评价体系不仅要反映政府科技投入的直接绩效评价,也要反映其间接绩效评价。绩效评价的重心不仅在于要考察政府科技投入对技术进步的贡献，还要考察政府投入能否引导更大量的社会资源向 R&D 集中，促使社会科技资源配置绩效的提升。丛树海等（2005）从绩效评价的内涵出发，根据公共支出绩效评价自身的特殊性构建了一套能全面有效度量一般公共支出绩效的指标体系，整个指标体系共分两个层次：第一层次包括投入、过程、产出和结果等几类初始指标；第二层次包括效益性、效率性和有效性三类终极指标。盛刚（2005）指出提高政府科技投入绩效，关键要解决政府在科技投入中的职能定位问题，建立和完善项目管理监督机制，运用先进的技术手段提升监督管理的效率，从制度创新出发对现有的政策进行调整。余振乾、余小方（2005）从地方财政科技支出绩效目标出发，把握绩效评价指标取向，依据系统理论设计绩效评价系统模型，围绕地方财政科技支出项目特征确定绩效评价的基本原则，构建了创新性研究项目绩效评价指标、科技产业化项目绩效评价指标、科技基础条件平台建设项目绩效评价指标三类定性评价指标体系。

谢福泉等（2006）对财政科技投入绩效评估体系进行了有益的探索，建立了绩效评估体系，采用模糊数学方法计算了科技项目的投入比。张青（2006）等人利用 DEA 模型对上海市科技投入绩效进行了测算，发现上海政府科技投入中个别年份存在冗余，资金和人员都存在投入规模过大的情况。谢虹（2007）根据财政科技投入的特性，采用层次分析法，建立了绩效评价的评价指标体系。通过选择适于反映科技投入效益的指标群，并运用层次分析法对我国财政科技投入绩效进行了示范性评价。张军果、任浩、谢福泉（2007）根据"三 E"原则构建了财政科技投入的评价指标体系，该指标体系将评价项目按基础研究、应用研究和试验发展进行了区分，考虑到不同行业的评价滞后时间，分成直接产出、经济效益产出与社会效益产出评价体系。谢福泉（2008）运用定性分析和定量分析相结合，结合上海市的问卷调查资料，构建出财政科技投入绩效评价体系。王廷凤（2009）运用 DEA 模型，结合全国各省市财政科技支出的实例，对财政科技支出效率进行了评价。

中国学者的研究领域较广泛,涉及到政府科技投入与经济增长及科技创新的各个方面。但目前对政府科技投入的研究不够全面、系统,研究方法也比较单一,得出的结论也有很大的不同,缺乏对政府科技投入进行全面系统地研究。

1.3　研究思路与研究方法

1.3.1　研究思路

科技创新是一国经济社会发展的根本动力,科技资金投入是科技创新的根本保障,而政府科技投入又起着引导或主导作用。本书基于国内外现有的理论研究成果,系统勾勒出政府科技投入的理论框架,运用多学科理论阐述政府进行科技投入促进科技创新的必要性,在构建出中国政府科技投入目标的基础上,对中国政府科技投入的规模、结构进行科学描述和实事求是地总结,找出当前中国政府科技投入存在的问题,揭示现象背后的深层次原因,总结经验和规律。同时,采用计量经济学分析方法实证分析中国政府科技投入对企业的引导效应、促进科技创新效应、促进经济增长及产业发展效应。在此基础上,设计出完善政府科技投入体系的对策。

1.3.2　研究方法

本书通过多学科知识的综合运用,进行跨学科的研究,运用规范分析与实证分析、定性分析与定量分析等研究方法,从不同的侧面揭示问题和分析问题,达到理论与实践的有机统一。本书使用的研究方法有以下特点:

一是规范分析与实证分析相结合的方法。经济学研究方法以实证分析法和规范分析法最为普遍,在对现实问题的分析中,这两种分析方法各有其特点,相互补充,实证分析离开了规范分析就失去了存在的意义,而规范分析脱离了实证分析,就可能陷入主观臆断,据此应用于经济实践,就可能贻误经济发展。所以,本书十分重视实证分析方法与规范分析方法的结合，对实证分析揭示的经济关系和所描述的过程进行规范分析；在进行实证分析时，注意事实的可测性；在规范分析时，注意观点的可检验性；力求使全文的研究具有可操作性，使所提出的政策建议具有应用价值。具体而言，本书通过规范分析阐明政府投入科技，推动科技创新的必要性，政府科技投入的基本原则、目标及完善政府科技投入体系的对策。通过实证分析掌握政府科技投入的现实状况，剖析我国政府科技投入中存在的问题及影响因素。

二是定性研究与定量研究相结合的方法。从现有的研究方法上看，关于政府科技投入方面的研究大多停留在简单的基本原理和简单的定性分析上；在实证分析上，定量分析不足，大多偏重于政府科技投入中存在的问题与对策研究，忽视了计量分析。本书在研究中，坚持定性与定量研究相结合，一方面交叉运用科技学、财政学、西方经济学、统计学、管理学等学科知识来分析中国政府科技投入的必要性、规模与结构的优化问题，另一方面运用计量经济学理论，采用协整分析、向量自回归模型（VAR）等方法实证检验我国政府科技投入对企业科技投入的创新导向效应、对科技产出的促进效应和对以 GDP 为代表的经济总量和以高技术产业为代表的产业发展的影响。

三是比较分析法。通过与历史比较，总结出我国政府科技投入的发展规律与趋势；通过对代表性国家政府科技投入目标及绩效评价的比较、分析，总结出可供我国借鉴的成功经验，在此基础上，构建出我国政府科技投入目标及绩效评价体系。比较分析法在本书中的运用除直接的对比外，还体现在基本研究思路上的运用。

1.4　研究内容与结构

政府科技投入理论分析与实证研究是一项复杂的系统工程，要对其深入分析，就必须综合运用各种定性和定量方法，按照一定的步骤顺次进行。本书以"中国政府科技投入：经验研究与实证研究"为题,应用科技创新理论、公共财政理论、公共管理理论、市场、政府与社会机制配合理论、计量经济学理论等各学科的相关理论,深入分析政府投入科技活动,促进科技创新的动因;分别对中国政府科技投入的目标、规模与结构进行经验分析,找出现实中存在的问题与影响因素;为了更深入地分析中国政府科技投入的政策效应与效果,本书应用计量分析方法分别实证检验政府科技投入对企业创新所产生的引导效应、对科技创新成果所产生的激励效应、对经济增长及产业发展所产生的促进效应;基于经验分析与实证分析的基础上,提出完善政府科技投入体系的政策建议。本书在结构上分为七个部分,具体研究内容如下:

第1章,导论。首先指出了本项研究的实证和理论背景以及由此引出的中国政府科技投入所面临的问题,提出本书的研究背景和意义;在进行国内外文献综述的基础上,对国内外相关的研究成果进行评述,指出研究中需要解决的若干问题;提出本书的研究思路与研究方法,概括研究内容与结构,进而提出本书可能的创新点。

第2章,政府科技投入的相关基础理论。本章是本书的一般理论部分,由三个部分组成:科技创新理论、公共产品与外部性理论,以及市场机制、政府机制与社会机制配合理论。科技创新是政府科技投入的目的,通过科学界定科技活动与科技创新的内涵,梳理马克思主义科技创新理论与西方科技创新理论的发展,揭示科技创新与经济增长和社会发展的关系,为政府投入科技活动,促进科技创新提供理论基础。公共产品和外部性属于市场失灵领域,市场不能有效提供公共产品和解决外部性问题,提供公共产品和解决外部性问题是政府的重要职能,公共产品和外部性理论为政府干预科技活动,进行科技资金投入提供了重要的理论基础。由于存在着市场失灵、政府失灵和社会失灵,科技资金的投入不可能只由一种机制来完成,需要市场、政府与社会的有机结合,市场机制、政府机制与社会机制配合理论为政府进行科技投入,促进国家创新体系的建设打下坚实的理论基础。

第3章,政府科技投入的动因及体系。由于科技产品具有公共产品属性、创新具有较大的风险性，现实中存在创新系统失效、建设国家创新体系及保障国家安全的需要，政府进行科技投入成为必然。在系统阐述科技资金投入主体及配置的基础上，科学界定了政府科技投入的内涵及性质，进而提出了政府科技投入的体系。

第 4 章，中国政府科技投入的经验研究。本章重点对我国政府科技投入整体状况进行经验分析。首先在借鉴国外典型国家政府科技投入目标的基础上，结合我国的国情提出了我国政府科技投入的直接目标和最终目标；然后通过对我国政府科技投入规模与结构的系统、全面的分析，指出目前我国政府科技投入中存在供需预测与现实存在差距、缺乏稳定的投入增长机制、投入结构不合理、管理体制存在缺陷等诸多问题，最后从经济增长方式、科技体制、财政分权、财政支出等方面分析其影响因素及产生原因。

第 5 章，中国政府科技投入效应。政府科技投入效应是多方面的，本章选取了具有代表性的政府科技投入的三大效应进行实证分析，分别是政府科技投入对企业创新的引导效应、对科技创新的激励效应、对经济增长及产业发展的促进效应。首先，在科学阐述企业创新引导效应理论基础上，使用平稳时间序列进行回归分析，对政府科技投入与企业科技投入之间关系进行实证检验；其次，在综述中国科技发展成效的基础上，运用不同计量分析方法从横向和纵向两方面实证检验政府科技投入对科技创新的影响；在对中国经济发展和高技术产业发展综述的基础上，采用协整分析方法实证检验政府科技投入对经济增长及产业发展的影响。

第 6 章，中国政府科技投入体系的完善。根据前几章的理论与实证分析，针对目前我国政府科技投入中存在的问题，提出了完善中国政府科技投入体系的政策建议。主要包括：政府科技投入的决策和协调机制的科学化、投向及优先序的选择、投入增长机制的完善、投入结构的优化、科学合理的绩效评价机制的构建、投入管理体制的改革与完善、投入资金审计监督的强化方面的改进建议。

第 7 章，结论与展望。在前文分析的基础上，对全书进行总结并提出今后需进行的改进。

本书的研究内容与结构框架见图1.1。

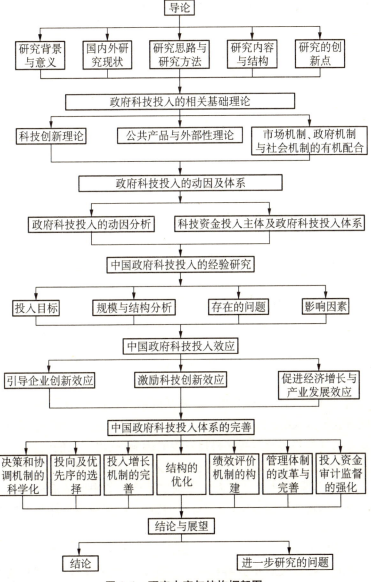

图 1.1　研究内容与结构框架图

1.5　研究的创新点

近年来,关于科技投入的研究成果尽管已经很多,但对政府科技投入进行专门研究的较少,特别是针对政府科技直接投入的研究更是少之又少,仅有的研究也是针对政府科技投入的某一方面进行研究,且大多是对政府科技投入进行绩效评价,缺乏全面、系统的研究,不能全面了解政府科技投入的整体状况。本书运用经济学、管理学、科技学等多学科理论全面、系统、深入地分析政府科技投入问题,系统完整的提出了我国政府科技投入的框架和体系。

第一,从经济学、科技学等多学科视角深入分析政府投入科技的动因。传统的分析往往局限于运用经济学的公共产品理论进行分析,比较片面。本书运用市场、政府与社会的协调配合机制理论作为构建国家创新体系的理论基础,并构建了国家层面创新链体系,具有一定的新意。

第二,把政府科技投入目标放在多维空间思考,立足于公共财政政策目标,构建了政府科技投入的目标体系。传统的目标构建主要是科技产出的一维目标。

第三,统计分析了中国政府科技投入的整体状况。主要对政府科技投入总量进行系统分析,以及对来源结构、主体结构、投向结构、目标结构的具体分析。分析从政府科技投入,R&D 投入,基础研究投入,GDP 总额和财政支出情况等方面进行,总结这些变量变化的基本趋势及对我国科技发展的影响,找出存在的问题,分析其影响因素,为今后完善政府科技投入体系提供理论与实证依据。

第四,采用计量分析方法分别实证检验了中国政府科技投入对企业创新的引导效应,激励科技创新效应,促进经济增长及产业发展效应。

采用 1991—2008 年统计数据,应用平稳时间序列回归模型进行政府科技投入对企业科技投入引导效应的实证检验表明:政府科技投入与企业科技投入存在长期的正相关关系。虽然政府科技投入对企业进行直接资助没有显著的激励效应或挤出效应,但政府对研发机构和高等院校的科技投入对于企业科技投入有较强的引导效应,同时政府的资助更有利于激励企业用自有资金进行研发投入,进一步验证了研发机构和高等院校在国家创新体系中的重要作用。

应用协整分析方法对政府科技投入与专利授权量、论文三大检索量的关系的实证检验表明:政府科技投入与专利授权量不存在协整关系,进一步基于一般向量自回归(VAR)模型分析发现,政府科技投入变化是影响专利授权量变化的原因之一,但其变化导致的专利授权量的变化不大;政府科技投入与论文检索量之间存在着长期均衡的正相关关系,政府科技投入对论文检索量具有非常显著的促进作用。

应用协整分析方法对政府科技投入与经济增长及高技术产业的相关性的实证检验表明:政府科技投入与经济增长之间存在长期均衡的关系,政府科技投入是经济增长的原因,但促进作用不大;政府科技投入与高技术产业之间存在长期均衡的正相关关系,政府科技投入是促进高技术产业发展的重要因素。本书各个指标所需要的数据均来自国家权威统计资料,因此结论具有一定的可靠性。

第五,针对中国政府科技投入状况及存在的问题,提出完善政府科技投入体系的政策建议。

2 政府科技投入的相关基础理论

现实中,政府科技投入是科技投入的重要组成部分,加大政府科技投入,促进科技创新是政府的重要职能。在学术界,各个学派也纷纷从自身的理论出发,为政府投入科技活动,促进科技创新寻找理论依据。

2.1 科技创新理论

科技是"科学技术"的简称,包括科学和技术两个方面,两者具有不同的研究对象和本质属性。长期以来,学者们对科学的界定有着不同的观点,英国科学家贝尔纳(John. Desmond. Bennal)认为,科学主要表现为知识、方法、信仰、生产力和社会建制等多种形象,体现出不同的本质特征,有时难以定义。① 从词源上看,科学(science)一词,来源于拉丁文"scientia",其基本含义是指知识、学问。《自然辩证法百科全书》给"科学"下的定义是"反映客观世界(自然界、社会和思维)的本质联系及其运动规律的知识体系,组织科学活动的社会建制。"②一般来说,科学是运用理性的思维进行独创性的探索活动,其基本使命是揭示事物发展的客观规律,探求客观真理。科学社会学认为,科学的任务是描述自然、解释自然、预测自然,回答自然"是什么"、"为什么"、"怎么样",促进知识增长。

---

① J. D. 贝尔纳. 历史上的科学. 伍况甫等译. 北京:科学出版社,1981。
② 于光远. 自然辩证法百科全书. 北京:中国大百科全书出版社,1995:264。

科学研究是根据"已知"去理解"未知"。技术(technology)源自希腊语"techne"(技艺、技能)和"logos"(学问、逻辑)的结合。18世纪末,法国哲学家狄德罗在他主编的《百科全书》中指出,技术是"为了完成特定目标而采取的方法、手段和规则相结合的体系"。一般来说,技术是指在社会实践经验和科学知识基础上在有目的的生产活动中所使用的方法和工艺的总和,是关于各种实用技术的学问。科学社会学认为技术的任务是变革自然、创造自然、利用自然,解决"做什么"、"怎么做",促进知识的运用。技术开发是通过"现在"去创造"未来"。

科学和技术既有区别,又有着相互依存、相互转化、相互促进、相互渗透的联系。恩格斯曾指出:"技术在很大程度上依赖于科学的状况,那么科学的状况却在更大程度上依赖于技术状况和需要。社会一旦有技术上的需要,则这种需要就会比十所大学更能把科学推向前进"。[①] 在现代社会,科学技术的发展越来越表现为"科学"与"技术"之间"你中有我,我中有你"的特征,科学技术化和技术科学化趋势日益加强,科学与技术已经成为一个有机的整体。门斯(Mensch)将科技的具体内容划分为科学研究(基础科学、科学发现)、发明(发明、开发)和创新(创新、创新的发散)三个过程和六个阶段。

2.1.1 科技活动与科技创新的内涵

1) 关于科技活动

科技活动是指在自然科学、农业科学、医药科学、工程与技术科学、人文与社会科学领域(简称科学技术领域)中,与科技知识的产生、发展、传播和应用密切相关的有组织的活动。根据科技活动的内容、目的不同,联合国教科文组织(UNESCO)把科学技术活动分为三大类:科学研究与试验发展(R&D,包括基础研究、应用研究和试验开发)、科技教育与培训(STET,包括专科高等教育以上直

---

① 马克思恩格斯选集.第四卷.北京:人民出版社.1995:731—732。

至研究生教育以及科学家和工程师组织的终身培训)、科技服务
(STS,包括科技信息服务、科技咨询服务、科技传播服务,地质、水
文、天文、气象的一般性考察和观察,科技的标准、测试、计量和质
量控制,同专利、特许有关的活动)①。中国根据联合国教科文组织
的研究,结合中国的国情,规定了科技活动包括研究与试验发展
(R&D)、科技成果转化与应用和科技服务三类活动。

研究与试验发展(R&D)是指在科学技术领域,为增加知识总
量、以及运用这些知识去创造新的应用进行的系统的创造性的活
动,包括基础研究、应用研究、试验发展三类活动。研究与试验发
展活动的基本特征是:(1)具有创造性;(2)具有新颖性;(3)运用科
学方法;(4)产生新的知识或创造新的应用。在上述条件中,创造
性和新颖性是研究与试验发展的决定因素,产生新的知识或创造
新的应用是创造性的具体体现,运用科学方法则是所有科学技术
活动的基本特点。

基础研究是指为了获得关于现象和可观察事实的基本原理的
新知识(揭示客观事物的本质、运动规律,获得新发现、新学说)而
进行的实验性或理论性研究,它不以任何专门或特定的应用或使
用为目的。基础研究的特点是:(1)以认识现象、发现和开拓新的
知识领域为目的,即通过实验分析或理论性研究对事物的物性、结
构和各种关系进行分析,加深对客观事物的认识,解释现象的本
质,揭示物质运动的规律,或者提出和验证各种设想、理论或定律;
(2)没有任何特定的应用或使用目的,在进行研究时对其成果看不
出、说不清有什么用处,或虽肯定会有用途但并不确知达到应用目
的的技术途径和方法;(3)一般由科学家承担,他们在确定研究专
题以及安排工作上有很大程度的自由;(4)研究结果通常具有一般
的或普遍的正确性,成果常表现为一般的原则、理论或规律并以论
文的形式在科学期刊上发表或学术会议上交流。因此,当研究的

①　联合国教科文组织(UNESCO).科学技术统计指南,1978。

目的是为了在最广泛的意义上对现象的更充分的认识,和(或)当其目的是为了发现新的科学研究领域,而不考虑其直接的应用时,即视为基础研究。基础研究又可分为纯基础研究和定向基础研究。基础研究用来反映知识的原始创新能力。

应用研究是指为获得新知识而进行的创造性研究,主要针对某一特定的目的或目标。应用研究是为了确定基础研究成果可能的用途,或是为达到预定的目标探索应采取的新方法(原理性)或新途径。应用研究的特点是:(1)具有特定的实际目的或应用目标,具体表现为:为了确定基础研究成果可能的用途,或是为达到预定的目标探索应采取的新方法(原理性)或新途径;(2)在围绕特定目的或目标进行研究的过程中获取新的知识,为解决实际问题提供科学依据;(3)研究结果一般只影响科学技术的有限范围,并具有专门的性质,针对具体的领域、问题或情况,其成果形式以科学论文、专著、原理性模型或发明专利为主。应用研究主要反映对基础研究应用的探索。

试验发展是指利用从基础研究、应用研究和实际经验所获得的现有知识,为产生新的产品、材料和装置,建立新的工艺、系统和服务,以及对已产生和建立的上述各项作实质性的改进而进行的系统性工作。在社会科学领域,试验发展是指把通过基础研究、应用研究获得的知识转变成可以实施的计划(包括为进行检验和评估实施示范项目)的过程。对人文科学来说,这一类别没有意义。试验发展的特点是:(1)运用基础研究、应用研究的知识或根据实际经验;(2)以开辟新的应用为目的,具体地说,就是为了提供新材料、新产品和装置、新工艺、新系统和新的服务,或对已有的上述各项进行实质性的改进;(3)其成果形式主要是专利、专有知识、具有新产品基本特征的产品原型或具有新装置基本特征的原始样机等。试验发展主要反映将科研成果转化为技术和产品的能力,是科技推动社会经济发展的物化成果。

区分基础研究、应用研究与试验发展的主要标准为:(1)基础研究和应用研究主要是扩大科学技术知识,而试验发展则是开辟新的应用即为获得新材料、新产品、新工艺、新系统、新服务以及对已有上述各项作实质性的改进；(2)虽然应用研究和试验发展所追求的最终目标是一样的，但它们的直接目的或目标却有着本质的差别。应用研究是为达到实际应用提供应用原理、技术途径和方法、原理性样机或方案，这是创造知识的过程；试验发展并不增加科学技术知识，而是利用或综合已有知识创造新的应用，与生产活动直接有关，所提供的材料、产品装置是可以复制的原型，而不是原理性样机或方案，提供的工艺、系统和服务是可以在实际中采用。

科技成果转化与应用是指为解决研究与发展阶段产生的新产品、新装置、新工艺、新技术、新方法、新系统和服务等能投入生产或在实际中运用所存在的技术问题而进行的系统性活动。它往往不具有创新成分。此类活动包括为达到生产目的而进行的定型设计和试制以及为形成生产规模和应用领域而进行的适应性试验。科技成果在向工业生产转化和应用时，一般可分为设计与试制、小批量生产（中间实验）、工业适应性实验三个阶段。

科技服务是指与研究与试验发展、科技成果转化与应用有关的，有助于科技知识的产生、传播和应用的活动。是为研究与试验发展、科技成果转化与应用服务的活动。包括图书馆、档案馆、情报文献中心，计量、标准、统计、科技博物馆、动植物园，科技图书和期刊翻译与出版，地质、天文、气象，科技普及和咨询等方面的服务工作。

从政府财政支持角度来看，科技活动可分为公共产品性质的科技活动及非公共产品性质的科技活动。

政府财政重点支持公共产品性质的科技活动。具有公共产品性质的科技活动目标是满足全社会共同需要，这类科技活动本身的目的就是要使其研究成果尽可能地为全社会所用，因此公共产品性质的科技活动具有较大的效用外溢特征和"优值品"特性，主要包括基础研究、应用研究中的社会公益性研究以及服务于基础研究和公益性应用研究、同时具有广泛社会公益性的科技服务（如图书馆、科技博物馆、动植物园等）。非公共产品性质的科技活动则包括非社会

公益的应用研究和为其提供咨询服务的科技服务。①（见图 2.1）

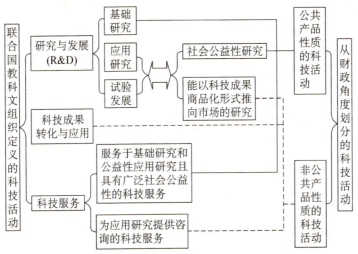

图 2.1　科技活动对照表

资料来源：丛树海等.科技发展的公共政策研究.北京：中国财政经济出版社，2008：144。

2）关于科技创新

（1）创新与科技创新的内涵

"创新"一词早在我国汉代时期就出现了，在《汉书·叙传下》中有这样的解释："创，始造之也"，当时主要是指"创始"、"首创"、"做出前所未有的事情"。② 在英语里，创新（innovation）起源于拉丁语里的"innovate"，理解为更新、制造新的东西或改变。而作为学术术语的创新概念是美籍奥地利经济学家约瑟夫·阿罗斯·熊彼特（J. A. Sehumpeter）首先提出来的，他在 1912 年出版的《经济发展理论》中，从工业生产的角度把创新界定为"执行新的组合"，即建立一种新的工业生产函数，"创新就是生产函数的变动"将某

种原先从来没有过的关于生产要素和生产条件的新组合引入生产体系。① 随后西方出现了大量的关于创新的研究，"创新"的概念也有诸多不同的理解，管理学家杜拉克从管理的角度分析，认为创新是企业家进行大胆开拓的具体手段，创新的运行就是赋予资源创造财富的新能力；经济学家休漠克则认为，创新是技术变革的一个单元，第一个实现一定技术的企业成为创造者，这个运动为创新；科技管理专家曼斯菲尔德把创新看作是"一项发明的第一次运用"；美国国家科学基金会则强调了创新的过程，认为创新是一个相当长的过程（经常需要好几年），这个过程有一定的步骤和阶段，表现为各种决策和行为。著名的华裔科学家朱棣文认为创新包含着把想法变成有用东西的整个创造过程，包含了从简单到复杂的过程，从改变或创造整个产业的根本突破直到大而复杂的系统等的广泛技术进展的过程。目前，国际上对于创新比较权威的定义是2004年美国国家竞争力委员会向政府提交的《创新美国》计划中提出的：创新是把感悟和技术转化为能够创造新的市值、驱动经济增长和提高生活标准的新的产品、新的过程、新的方法和新的服务。我国的学者也对创新进行了多方面的研究与探讨，有的学者认为创新贯穿于科学、技术和经营活动的全过程，包括从最初发现，到最后商业化的成功；有的学者认为创新是一种不断追求卓越、追求进步、追求发展的理念。

　　科技创新包括科学创新和技术创新，是两部分的综合。科学创新是指通过科学研究，获得新的基础科学和技术科学知识的过程。科学创新的主要功能是追求新发现，探索新规律，创立新学说，创造新方法，积累新知识，是技术创新的源泉和基础。技术创新是指"企业应用创新的知识和新技术、新工艺，采用新的生产方式和经营管理模式，提高产品质量，开发生产新的产品，提供新的服务，占据市场并实现市场价值"②。主要包括产品创新和工艺创

① 约瑟夫·熊彼特.经济发展理论.北京:商务印书馆,1990:76。
② 中共中央国务院关于加强技术创新、发展高科技、实现产业化的决定.1999(8):20。

新,还涉及管理方式及其手段的变革,是科学创新的延伸和落脚点。科技创新是从新知识的产生、新技术的开发到新产品的生产、新产业的形成直至新价值的实现的复杂的系统的动态过程,是科学创新和技术创新的有机统一。

(2) 科技创新的分类

第一,按照创新程度分为原质性创新和渐进性创新。原质性创新是指实质上有全局突破的创新,渐进性创新是指局部改进的创新。

第二,按照创新主体可分为自主创新和依附创新。一般而言,自主是指对某一事物具有决定权。自主在政治上强调本国的事务由本国自己处理,经济上强调依靠自己发展。自主创新是指依靠本国力量,独立进行研究开发,形成有价值的研究开发成果,并在此基础上完成创新成果商品化的创新活动。自主创新不等于自己创新,更不排斥科学技术的引进。自主创新包含三个层次的含义:一是原始创新,原始创新是指重大科学发现、技术发明、原理性主导技术等原始性创新活动。原始创新成果通常具备三大特征:首创性,研究开发成果前所未有;突破性,在原理、技术、方法等某个或多个方面实现重大变革;带动性,在对科技自身发展产生重大牵引作用同时,对经济结构和产业形态带来重大变革。原始创新与基础研究密切相关,对基础研究的重视与投入是重大原始创新的保障。原始创新的技术往往是战略性的高新技术,具有前沿性和关键性及知识密集、技术密集、人才密集和资金密集的特点,其技术突破往往能引领国家产业与技术的跨越式发展和重大变革。由于事关国家安全、国际竞争力以及跨国公司的核心竞争力,一般不能通过专利购买、技术许可或技术转移的方式获得,只能自己创新,然后将创新成果借助技术扩散来带动整体经济的发展。二是集成创新,通过创新行为,把当今世界的许多新知识、新技术创造性地集成起来,形成具有市场竞争力的产品和产业,以满足国家和市场经济的需求。技术集成最早是由 Macro Iansiti(1997)提出的,是指"通过组织过程把好的资源、工具和解决问题的方法进行应用",其实质就是把两个或以上的单元集合成一个整体的过程或结果。技术集成是适应市场不断高速变化的主要创新模式。三是引进消化吸收再创新，在广泛吸收世界科学成果、积极引进国外先进技术的基础上，充分进行消化吸收和再创新。它是借助外部要素进行自主创新的一种方式。相对于原始创新和集成创新而言，引进消化吸收再创新具有投入少、风险小、起点高、成功率高等特点。

依附创新是指通过学习并依附率先创新者的创新构想和创新行为，吸收成功的经验和教训，引进购买或破译创新者的秘密，在此基础上改进完善，开发并形成有竞争力的产品，以此确立本国的市场竞争地位，获取经济利润的活动。

第三，按照创新的知识载体，可分成概念创新、理论创新、发明创新和实验现象创新。概念创新既包括新概念的提出，又包括将已有概念用于新的学科、新方向；理论创新是指通过演绎、推测、抽象或综合等方法得出的对某对象的本质、原因或规律的表述，通常以公式、规则、定律、原理、模型等形式出现；发明创新是指创造出新事物或新方法；试验创新则包括发现新物质，新现象、新特性，提高效率，改善方法等。

2.1.2　马克思主义的科技创新理论

创新是马克思主义唯物辩证法的精髓。随着科技的进步和时代的发展，马克思主义的科技创新理论，也在不断充实、完善和升华。从马克思、恩格斯、列宁到毛泽东、邓小平、江泽民、胡锦涛，他们都非常重视科学技术对经济社会发展的巨大作用，根据社会经济的发展变化提出科技创新的思想或理论。

1）马克思、恩格斯的科技创新理论

科学技术是生产力，是马克思主义的基本观点。马克思把科学技术看作"一种最高意义上的革命的力量"，看作是社会发展的动力和表征。马克思和恩格斯在《共产党宣言》中指出："资产阶级在它的不到一百年的阶级统治中所创造的生产力，比过去一切世代创造的全部生产力还要多，还要大。自然力的征服，机器的采用，化学在工业和农业中的应用，轮船的行驶，铁路的通行，电报的使用,整个大陆的开垦,河川的通航,仿佛用法术从地下呼唤出来的大量人口,过去哪一个世纪料想到在社会劳动里蕴藏有这样的生产力呢?"。①"资本是以生产力的一定的现有的历史发展为前提的——在这些生产力中也包括科学"②,"劳动生产力是随着科学和技术的不断进步而不断发展的。"③马克思在一百多年前就提出"生产力中也包括科学","社会的劳动生产力,首先是科学的力量"等科学论断,形成了"科学技术是生产力"的思想。恩格斯也指出:在马克思看来,科学是一种在历史上起推动作用的、革命的力量。列宁也高度重视科学技术,并最先把马克思主义的科学技术学说应用到共产党执政及社会主义国家建设的实践,提出了社会主义国家建设中的科学任务,对国家科技事业的发展和国家政权建设作出了巨大贡献。

2) 中国的科技创新理论与实践

中国政府历来重视科学技术的发展。1964 年,毛泽东把赶超世界先进技术作为建设社会主义现代化强国的必要手段,提出"我们不能走世界各国技术发展的老路,跟在别人后面一步一步地爬行。我们必须打破常规,尽量采用先进技术,在一个不太长的历史时期内,把我国建设成为一个社会主义的现代化的强国。"④1956 年,以毛泽东同志为核心的中国共产党第一代中央领导集体,发出"向科学进军"的伟大号召,制定了我国第一个科学技术发展规划,即《1956—1967 年全国科学技术发展远景规划》,它从 13 个方面提出了 57 项重大科学技术任务、616 个中心问题,从中进一步综合提出了 12 个重点任务,还对全国科研工作体制、现有人才的使用方针、科学研究机构设置的原则等作了一般性的规定,是一个项目、人才、基地、体制统筹安排的规划。它的实施激发了广大科技工作

① 马克思恩格斯选集.第 1 卷.北京:人民出版社,1995:277。
② 马克思恩格斯全集.第 31 卷.北京:人民出版社,1998:94。
③ 马克思恩格斯全集.第 44 卷.北京:人民出版社,2001:698。
④ 毛泽东文稿.第 11 册.北京:中央文献出版社,1996:271。

者和全国人民自力更生、艰苦奋斗的干劲和热情。规划提出的主要任务于 1962 年提前完成，从而建立和发展了我国的原子能、电子学、半导体、自动化、计算技术、火箭技术等新兴科学技术领域，并促进了一系列新兴工业部门的诞生和发展，使我国科学技术事业发生了重大改变。

1978 年全国科学大会召开，以邓小平同志为核心的中国共产党第二代中央领导集体，明确提出了"科学技术是第一生产力"的科学论断，确立了"经济建设要依靠科学技术、科学技术要面向经济建设"的指导方针。1988 年，邓小平同志总结了第二次世界大战以来，特别是 20 世纪 80 年代世界经济发展的新形势和新经验，指出："马克思说过科学技术是生产力，事实证明这话讲得很对。依我看，科学技术是第一生产力。"①将科学技术在经济社会发展中的作用，再一次推到了史无前例的高度。同时，邓小平同志提出了中国科技体制改革的任务和目标："现在要进一步解决科技和经济结合的问题。……新的经济体制，应该是有利于技术进步的体制。新的科技体制，应该是有利于经济发展的体制。双管齐下，长期存在的科技与经济脱节的问题，有可能得到比较好的解决。"②邓小平继承并发扬了毛泽东关于"自力更生为主，争取外援为辅"的科技工作方针，提出了"科技自力更生"的科学论断，他指出："提高我国的科学技术水平，当然必须依靠我们自己努力，必须发展我们自己的创造，必须坚持独立自主、自力更生的方针。但是，独立自主不是闭关自守，自力更生不是盲目排外。"③

1995 年，以江泽民同志为核心的中国共产党第三代中央领导集体，把科技进步和创新摆在经济社会发展的关键位置，提出科教兴国战略，从而把科学技术提高到国家战略层面。1999 年，江泽民同志在全国科技大会上讲话指出，"创新是一个民族进步的灵魂，

① 邓小平文选. 第 3 卷. 北京：人民出版社，1993：108。
② 邓小平文选. 第 3 卷. 北京：人民出版社，1993：108。
③ 邓小平文选. 第 2 卷. 北京：人民出版社，1993：91。

是一个国家兴旺发达的不竭动力。科技创新越来越成为当今社会生产力解放和发展的重要基础和标志,越来越决定着一个国家、一个民族的发展进程。如果不能创新,一个民族就难以兴盛,难以屹立于世界民族之林。"①

进入新世纪,以胡锦涛同志为总书记的党中央把提高自主创新能力、建设创新型国家作为国家发展战略的核心,作为提高综合国力的关键,把科技摆在促进国民经济又好又快发展的突出位置,推动我国科技事业进入创新发展的新阶段。2005年10月,党的十六届五中全会通过的《中共中央关于制定国民经济和社会发展第十一个五年规划的建议》要求:"科学技术发展,要坚持自主创新、重点跨越、支撑发展、引领未来,不断增强企业创新能力,加快建设国家创新体系"。"从我国经济社会发展的战略需求出发,把能源、资源、环境、农业、信息等关键领域的重大技术开发放在优先位置,有所为有所不为的要求,启动一批重大专项,力争取得突破。"强调要"加强基础研究和前沿技术研究,在信息、生命、空间、海洋、纳米及新材料等战略领域超前部署,集中优势力量,加大投入力度,增强科技和经济持续发展的后劲。"②

2007年10月,党的十七大提出要提高自主创新能力,建设创新型国家,胡锦涛总书记指出:"要坚持走中国特色自主创新道路,把增强自主创新能力贯彻到现代化建设各个方面。认真落实国家中长期科学和技术发展规划纲要,加大对自主创新投入着力突破制约经济社会发展的关键技术。"体制上则要求"加快建设国家创新体系,支持基础研究、前沿技术研究、社会公益性技术研究。加快建设以企业为主体、市场为导向、产学研相结合的技术创新体系,引导和支持创新要素向企业集聚,促进科技成果向现实生产力转化。深化科技管理体制改革,优化科技资源配置,完善鼓励技术创新和科技

---

① 江泽民,加强技术创新.江泽民文选第2卷.北京:人民出版社,2006。
② 中共中央关于制定国民经济和社会发展第十一个五年规划的建议。

成果产业化的法制保障、政策体系、激励机制、市场环境。"①

马克思主义及中国科技创新理论与实践显示出科技创新及科学技术的发展对经济与社会的推动作用，同时揭示了科技创新与经济和社会发展之间的相互依赖及相互促进的关系，表明了经济增长和社会进步中的科技创新的重要地位。

2.1.3 西方科技创新理论

人类关于创新的思想是一个产生、发展和不断成熟的过程。当人类还没有认识到科技创新对于经济的意义时，科技创新只是满足创新者的某种好奇心，或是满足人类自身社会生活的需要，而不发生或很少发生经济联系；当认识到科技创新对于经济活动的意义时，科技创新就逐步成了经济学意义上的创新，与经济活动发生着紧密的联系。

1) 亚当·斯密的分工与技术创新理论——创新理论的萌芽

经济学意义上的创新理论首先是由熊彼特提出并发展的，但之前的亚当·斯密对创新思想曾给予过高度重视，有过初步论述。

亚当·斯密侧重于从"分工"的角度论述科学技术在生产中的作用，他认为国家的富裕在于分工，而分工之所以有助于经济增长，最重要的原因是分工有助于某些机械的发明，这些发明将会减少生产中的劳动投入，提高劳动生产率。"分工的结果会使个人的全部注意力倾注在一种简单事物上，只要工作性质还有改良的余地，各个劳动部门所雇的劳动者中，不久便会找出容易而便利的方法，来完成各自的工作。所以，用在分工最细密的各种制造业上的机械，有很大部分原是普通个人的发明"②。亚当·斯密还提出："任何社会的土地和劳动的年产物，都只能用两种方法来增加。其

---

①　胡锦涛.高举中国特色社会主义伟大旗帜,为夺取全面建设小康社会新胜利而奋斗.在中国共产党第十七次全国代表大会上的报告。

②　亚当·斯密.国民财富的性质和原因的研究(上卷).郭大力、王亚南译.北京:商务印书馆,1974:10。

一,改进社会上实际雇用的有用劳动的生产力;其二,增加社会上实际雇用的有用劳动量。有用劳动的生产力的改进,取决于劳动者能力改进和工作所用机械的改进。"①,在这些论述中可以看出,亚当·斯密认为劳动者技能的改进、机械的改进,都与科技创新相关。可见,亚当·斯密已认识到科技进步是除资本、劳动力之外又一个促进经济增长的重要因素。但在当时的经济理论中,技术进步被视为是外生的、给定的,并没有受到应有的重视。

2) 熊彼特的创新理论——创新理论开端

熊彼特(J. A. Schumpeter)是第一个提出"创新"(Innovation)概念的经济学家,他在《经济发展理论》(1912)一书中,第一次将创新视为现代经济增长的核心,从而第一次把创新引入了经济领域。随后,他在《资本主义的非稳定性》(1928)中又提出"创新是一个过程"的理念,并在《商业循环》(1934)及《资本主义、社会主义和民主主义》(1942)等著作中,全面而系统地阐述了创新理论。他把创新界定为"建立一种新的生产函数或供应函数",创新是一个经济范畴而非技术范畴的概念,它不仅仅指科技上的发明创造,更重要的是指把发明引入到应用中,形成一种新的生产能力,其目的是获得一种潜在的利润,从而推动社会和经济的不断发展②。熊彼特认为创新一般包括五种情况:一是引进新的产品,即产品创新。制造一种消费者还不熟悉的产品,或一种与过去产品有本质区别的新产品。二是一种新生产方法的采用,即工艺创新或生产技术创新。就是采用一种产业部门从未使用过的方法进行生产和经营,尚未通过有关部门鉴定。三是一个新市场的开辟,即市场创新。开辟有关国家或某一特定产业部门以前尚未进入的市场,不管这个市场以前是否存在。四是原材料或半成品新供给来源的取得或控制,即开发新的资源,不管这种资源是已经存在,还是第一次创造

---

① 亚当·斯密. 国民财富的性质和原因的研究(下卷). 郭大力、王亚南译. 北京:商务印书馆,1974:243。

② 约瑟夫·熊彼特. 何畏等译. 经济发展理论. 北京:商务印书馆,1990:147。

出来。五是一种新企业组织形式的实行，即组织管理创新。如形成新的产业组织形态，建立或打破某种垄断等。[①]

熊彼特的创新理论强调把技术与经济结合起来，把创新看作是一个经济学的概念，指经济上引入某种"新"的东西，不等同于技术上的发明，只有当新的技术发明被应用于经济活动时，才能成为"创新"。同时熊彼特把新组合的实现称为"企业"，把实现新组合的人们称为"企业家"。企业家活动的动力来源于对垄断利润或超额利润的追逐，其目的或结果是实现"新组合'或"创新"。

熊彼特的创新理论不仅包含技术创新，还提出了制度创新。熊彼特认为，某种资源或技术方法的存在固然重要，其主要依赖于某种连续性的积累过程，但采取一定的制度形式或组织行为来实现新的组合更为重要，而这往往取决于某种制度安排或制度创新，它通常是非连续性的变化过程。所以在熊彼特看来，制度创新不仅非常重要，而且技术创新也往往要通过制度创新来实现。

熊彼特的创新理论从其概念到涉及的经济增长、社会发展、经济周期等论述，无一不是将科学技术与经济社会联系起来。同时熊彼特把创新理论置于他的经济发展理论的核心地位，直接地、明确地将"创新"作为连接科技进步与经济增长的媒介，从经济运动内部去探索推动社会进步、历史发展的深厚基础和本质动因，既突出了科技创新在资本主义历史发展中的主导作用，又避免了陷入庸俗的"技术决定论"旧辙。因此，自从熊彼特提出创新概念和理论以来，得到各国政府、国内外经济学家、政策分析专家的高度关注和普遍重视，科技创新理论得到迅猛发展。

3) 新古典学派技术创新理论——创新理论的发展

美国经济学家索洛（R·Sallow）是这一学派的代表人物，他率先提出技术创新是经济增长的内生变量，是经济增长的主要根源。他对科学技术在经济增长中的作用进行了定量分析，将技术进步

---

① 约瑟夫·熊彼特.何畏等译.经济发展理论.北京:商务印书馆,1990:73。

因素单独列项,建立了一个技术进步条件下的经济增长模型: $G = A(t)I(K, L)$。其中, t 为技术变化因子,乘数因子 $A(t)$ 用来度量生产函数随时间变动的技术进步累积效果。根据这个公式可以推导劳动、资本和技术进步与经济增长的关系,并计算出技术进步对经济增长的贡献率,这就是著名的技术进步索洛模型,专门用于测度技术进步对经济增长的贡献率。索洛在 1957 年发表的《技术进步与总量增长函数》一文中,对 1909—1949 年间美国非农业部门劳动生产率发展情况进行了实证分析发现,这一期间美国劳动生产率翻了一番,其主要的贡献来自于技术进步(技术进步贡献占87.5%)。此后,丹尼森(Dward F. Denison)在经济增长的实证分析中,证实了索洛经济增长模型的结论,并进而发现,在经济增长计量中,总的经济增长远远大于资本和劳动等要素投入的增长率,由此提出技术进步是经济增长的主要源泉。

在进一步研究技术进步对经济增长作用的同时,新古典学派又对政府在技术创新中的作用进行研究,发现技术与其他商品一样存在公共产品、创新收益和非独占性,外部性等市场失效,提倡政府通过干预技术创新来保证资源得到有效配置,当市场出现技术创新方面的需求、供给失效时,或当技术创新的资源配置不能满足经济社会发展要求时,政府应当采用财政、金融、税收以及政府采购等间接调控手段进行适当的干预,以激励技术创新活动的开展,提高科学技术在经济发展中的促进作用。

4)新熊彼特学派技术创新理论与制度创新理论——创新理论的分化

在熊彼特之后,形成了两条相对独立的研究路线:一个是以曼斯菲尔德(Edwin. Mansfield)、卡米恩(Morton. I. Kanmien)、斯通曼(P. Stoneman)、门斯(Mensch)和施瓦茨(Nancy. L. Schwartz)等为代表的新熊彼特学派,他们一方面继承了熊彼特的创新理论,同时又不是熊彼特创新理论的一般演绎与分解,也不是简单地将熊彼特的创新理论的理论框架套在技术创新的范畴之上,而是把熊彼特的创新理论和研究方法,同新古典学派的经济理论即微观经济理论结合起来，用于技术创新的研究。

他们秉承熊彼特经济分析的传统，强调技术创新和技术进步在经济增长中的核心作用，着眼于将技术创新视为一个相互作用的复杂过程，侧重于研究技术创新与市场结构和企业规模之间的关系，并认为企业家是推动创新的主体，企业的组织行为对技术创新有着重要的影响，提出了技术创新扩散、企业家创新和创新周期等模型。另一个是以兰斯·戴维斯（Lance. E. Davis）、道格拉斯·诺斯（Douglass. C. North）等为代表的制度创新理论学派。熊彼特在用创新理论解释资本主义经济发展时，曾提出制度创新的有关问题，但并没有深入探讨。后来，一些经济学家尝试将熊彼特的"创新"理论与"制度"理论融合在一起，从而发展了熊彼特的创新理论。制度创新学派主要以组织变革和制度创新为研究对象，把创新与制度相结合，研究制度与企业技术创新和经济效益之间的关系，认为制度创新决定技术创新，好的制度选择会促进技术创新，不好的制度设计将扼制技术创新或阻碍创新效率的提高，强调制度安排和制度环境对经济发展的重要性。

5）国家创新体系理论——创新理论的升华

"国家创新体系"（National Innovation System，简称 NIS）是 20 世纪 80 年代产生的一个新概念。1985 年，郎德沃尔（Lundvall）在《产品创新：用户——生产者之间的相互作用》一书中，融合了德国经济学家李斯特的"国民经济体系"和熊彼特的创新思想，首次提出了关于"国家创新体系"的概念。随后，英国学者弗里曼（C. Freeman，1987）在考察日本时发现，日本的创新活动无处不在，且创新者广泛，包括工人、管理者、政府等。由此，弗里曼在《技术和经济运行：来自日本的经验》一书中提出国家创新系统理论，认为创新不仅是企业家的功劳，也是由国家创新系统推动的。他提出国家创新系统有广义和狭义之分，前者包括国民经济中所涉及引入和扩散新产品、新过程和新系统的所有机构，后者则是与创新活动直接相关的机构。接下来艾德奎斯特（C. Edquist，1988）、麦凯尔维（M. Mckelvy，1991）、波特（M. Porter，1995）、纳尔逊（R. Nelson，1993）、帕特尔和帕维特(Patel&Pavitt，1994)等人分别从各自的研究领域进一步拓展和丰富了"国家创新体系"的概念。

与学者们的研究相呼应，1994年，经济合作与发展组织(OECD)在其成员国内启动和开展了长达数十年的"国家创新体系项目"的研究，发表了大量的工作论文及综合性分析报告，使国家创新体系的概念进一步从理论研究走向政策实践。此后，世界银行、联合国贸易与发展会议、欧盟等国际组织也都相继采用了"国家创新体系"的概念。

国家创新体系研究的主要内容包括：第一，技术创新的主要内容是知识及知识的流动，技术创新的主要原料是知识。知识创新所用的知识主要有两类：一类是科学技术知识，它提供技术创新机会的集合，另一类是用户需要的知识，它提供技术创新的契机。技术创新作为一种新组合，一方面受制于知识存量与用户需求构成的可能性空间，另一方面则取决于知识流动的方向和速度。第二，技术创新的载体是组织。组织包括企业、大学、研究机构和政府机构等，是变迁的引擎。第三，国家创新体系实质上是促进技术创新的制度。因此，组织内部、组织之间的知识交流与相互学习被置于研究的中心。经济合作与发展组织将知识在组织间的流动分为四类：一是企业之间的合作研究；二是企业、大学与公共研究机构之间的相互作用；三是知识与技术的扩散，主要通过采用新技术与新设备等途径；四是人员的流动。并认为创新过程中的主体之间的联系对于促进技术创新的绩效至关重要。

随着国家创新体系的不断完善，国家创新体系的内涵与外延得到深入和扩展，学者们提出了国家创新体系子系统，包括本地创新体系和区域创新体系。区域创新体系分为三类：乡村创新体系、城市创新体系和城市——乡村创新体系。

2.2　公共产品与外部性理论

政府的资源配置指资源在公共部门、私人部门及公私部门之间的配置。资源配置并运作的结果产生了公共产品与私人产品两类产品。传统经济学认为,私人产品应通过市场机制提供,而公共产品应通过政府来提供。

2.2.1 公共产品理论

1) 公共产品的内涵与特征

公共产品(Public Goods)的存在,是市场失灵的首要原因,所谓"市场失灵"(Market Failure)是指市场充分发挥其资源配置基础性作用的基础上,市场所天然无法有效地配置资源。市场失灵是政府介入社会经济生活的原动力,提供公共产品是政府的首要职责与功能。

公共产品是相对于私人产品(Private Goods)的一个概念,最早是由达尔文提出的。给出公共物品规范性分析的是保罗·A·萨缪尔森,他在1954年11月号的《经济学与统计学评论》上发表了《公共支出的纯理论》一文,提出了公共物品的严格定义,"每个人对这种产品的消费、都不会导致其他人对该产品消费的减少"。因此,只要一定数量的纯公共品生产出来或被提供,社会的所有成员都可消费。纯私人品是指只有获取某种物品的人才能消费这种物品的物品。

在其定义中,假设 X_S 和 Y_S 分别表示纯公共品和纯私人品的总供给;n 为经济中的消费者人数;X_i 和 Y_i 为个人 i 消费公共品 X 和私人品 Y 的数量;MC_i 为新增加的个人 i 所引起的边际成本。公共品和私人品在消费上的排他性和竞争性区别可以用公式表示为:

$$X_S = X_1 \cdots = X_n \tag{2.1}$$

$$Y_S = Y_1 \cdots = Y_{n-i} \tag{2.2}$$

$$MC_i(x) = 0 \tag{2.3}$$

$$MC_i(y) > 0 \tag{2.4}$$

式 2.1 表明,公共品 X 的总量一旦提供出来,则它可以被社会中的每个成员等量地消费,即个人在消费公共品时彼此并不排斥;式 2.2 表明,私人品 Y 的总量一旦被提供出来,若被社会中的第一个人消费了 Y_1 单位,则剩余的人就只能在 $(Y_s - Y_1)$ 的范围内进行选择,即个人在消费私人品时是互相排斥的;式 2.3 表明增加一个消费者不会增加公共品的生产成本;式 2.4 表明增加一个消费者必然增加私人品的生产成本。[①]

公共产品是具有共同消费性质,用于满足社会公共需要的物品和服务,它是私人产品的对立物。相对于私人产品的特性来说,公共产品的特性有:第一,受益的非排他性。非排他性(Non-excludability)是指将不为公共产品付费的个人或厂商排除在公共产品的受益范围之外,在技术上不可能或技术上可行但排他成本高昂到在经济上不可行。第二,消费的非竞争性。非竞争性(Non-rivalness)是指个人或厂商对公共产品的消费并不排斥、妨碍其他人对它的享用,也不会因此减少其他人或厂商享用该公共产品的数量和质量。非竞争性包含两方面的含义:一是在产品数量既定的前提下,因消费者增加对供给者带来的边际生产成本为零。二是拥挤成本为零。每个消费者的消费都不影响其他消费者的消费数量和质量,这种产品既是可共同消费的,也不存在消费中的拥挤现象。

在公共产品的两个基本特征中,非竞争性是公共产品的基本属性,非竞争性是由公共产品自身的因素决定的,而非排他性则是由外生因素决定的。此外,非竞争性的存在使得限制消费和使用成为一种不合意的行为。

从消费特征看,同时具有非排他性和非竞争性的公共品为纯公共品,只具有其中一个特征的公共品为混合公共品(Mixed Goods),也叫准公共品(Quasi Puelic Goods)。见表 2.1。

---

①　郭庆旺,赵志耘.财政学.北京:中国人民大学出版社,2002:96。

表 2.1 纯公共品、纯私人品和混合品的划分

特征	排他性	非排他性
竞争性	纯私人品 1. 排他成本很低 2. 由私人企业生产 3. 通过市场分配 4. 资金来源是销售收入 例：食品、衣服等	混合品 1. 集体消费，但存在拥挤 2. 由私人部门生产或直接由公共部门提供 3. 通过市场或国家预算分配 4. 资金来源是销售收入或税收收入 例：公园、共同产权资源（如城市绿地）等
非竞争性	混合品 1. 具有外部性的私人品 2. 由私人企业生产 3. 通过市场分配，辅之以补贴或校正性税收 4. 资金来源是销售收入 例：学校、交通系统、社会保障、有线电视、非拥挤性桥梁等	纯公共品 1. 排他成本极高 2. 直接由政府提供或在与政府签约情况下由私人企业提供 3. 通过预算分配 4. 资金来源是强制性收入 例：国防、法律制度、社会治安、环境保护等

资料来源：郭庆旺，赵志耘. 财政学. 北京：中国人民大学出版社，2002. 99。

从表中可以看出，公共品可分为三类：第一类是纯公共品，即同时具有非竞争性和非排他性的物品；第二类公共品的特点是消费上具有非竞争性，但是却可以较轻易地做到排他的物品，布坎南在其论文"俱乐部的经济理论"中将这种产品称为俱乐部产品（clubgoods）；第三类公共品与俱乐部产品刚好相反，在消费上具有竞争性，但却无法有效地排他的物品，埃利诺·奥斯特罗姆称这类物品为公共池塘资源（common-pool resources）。公共池塘资源指的是一个自然的或人造的资源系统，这个系统大得足以使排斥因使用资源而获取收益的潜在受益者的成本很高（但并不是不可能排除）。俱乐部产品和公共池塘资源通称为准公共产品或混合品。准公共产品一般都不同时具备非排他性和非竞争性，它们一般都只有公共产品的一个特性。

根据公共产品的层次和受益范围,可以分为全国性的公共产品和地方性公共产品。全国性公共产品是指受益范围在全国的公共产品;地方性公共产品是指受益范围有限,或者具有强烈的区域性限制的公共产品。这种划分的意义在于国家各级政府对于公共产品的供给承担着不同的责任。一般来说,全国性公共产品主要由中央政府提供,地方性公共产品主要由地方政府提供。

2) 公共产品的有效提供

对于社会和消费者个人来说,公共产品的供给是不可或缺的,按照公共财政理论,公共产品应由政府来提供。政府提供公共产品的原因在于其所具有的非竞争性和非排他性。非竞争性意味着增加一个使用者消费该产品的边际成本为零,按照市场有效配置资源的要求,不应向消费者收费。由于生产这些产品是有成本的,理性的生产者不愿意为市场提供这种产品。非排他性使消费者相信他付费与否都可以享受公共产品的好处,期望他人承担成本,自己坐享其成成为"免费搭车"者,因此,理性的消费者不愿意在市场上购买该产品,市场无法自发提供这种产品。而政府可以凭借其政治权力,通过强制性的征税来解决非竞争性与非排他性问题。

即便市场能够提供公共产品,若由市场提供将会产生公共产品的效率损失。见图 2.2 所示,图中 MN 线为生产可能性曲线,I 为社会无差异曲线。其中,I_1 与 MN 相切在 E 点,此点代表在最大产出水平下,社会从公共产品与私人产品的组合中,获得的最大效用,也就是社会资源在生产和消费领域都得到最佳配置。如果公共产品和私人产品都由市场提供,那么市场提供公共产品的数量有限,如图中的 A 点,市场会把绝大部分资源配置到私人产品上,过 A 点的社会无差异曲线 I_2 的位置显然要比 I_1 低得多,说明社会从这种产品组合中所获得的效用大大减少。两种不同产品组合给社会带来的效用之差,就是市场提供公共产品所带来的效率损失。

最早提出公共产品有效供给(或最优供给)问题的是瑞典学派的创始人威克塞尔(Johan Gustaf Knat Wicksell),他在 1896 年出版的《财政政府考察,兼论瑞典的税收制度》一书中,接受了公共产

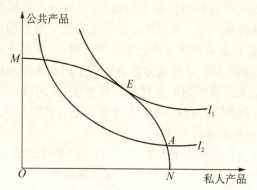

图 2.2　公共产品由市场提供的效率损失

品供给须使个人效用最大化这一基本准则,并认为利益赋税原则可以实现这一点。他认为,每个人在消费公共产品时都可以得到一定的利益,同时由于每个人都必须为生产这种公共产品而交纳一定的税款,又产生一定的损失。因此,对于每个人来说,公共产品的最优供给产生于这一点上,即公共产品消费的边际正效用等于税收的边际负效用。1918 年,威克塞尔的学生林达尔(Erik Lindahl)进一步对公共产品的有效供给进行了研究,他重点分析两个政治上平等的消费者共同决定公共产品供给,并相应分担其税后份额的问题,建立了著名的林达尔模型。他认为,当消费者 A 承担公共产品成本越多时,消费者 B 将承担得越少。在收入既定下,A 对公共产品的需求曲线,从 B 方面看,视为供给曲线,反之亦然。当 A 和 B 的两条需求曲线被标于同一图面时,该模型产生唯一的交点。这一交点被称为林达尔均衡点,它决定公共产品供应的均衡数量,以及 A 与 B 的均衡税收份额。林达尔均衡是从公共产品有效供给的局部均衡模型引申而来的,认为如果人们都能自觉地按照自己从公共产品中获得的边际收益来相应地承担公共产品成本,自然就会实现公共产品的有效供给。林达尔均衡的实现关键在于消费者要真实地显示自己对公共产品的偏好水平,并相应承担公共产品的成本,但这也正是公共产品有效供给的难点所在,在现实中往往难以实行。

接着,英国福利经济学家庇古(A. C. Pigou)从边际效用价值方面考察公共支出的最佳安排问题,并将公共支出的最优化与私人支出联系起来,建立了庇古模型。庇古运用功利主义方法,即假设每个人都从公共产品的消费中受益(即得到效用),同时又为公共产品提供资金而承担税收,而招致负效用。庇古把税收产生的负效用,定义为放弃私人产品消费的机会成本。庇古模型给出了一个人对公共产品提供水平的需求的决定条件,即个人对公共产品消费的边际效用等于纳税的边际负效用。

萨缪尔森(Samuelson, 1954)将当时已成为经济学基本理论、方法和概念的序数效用、无差异曲线、一般均衡分析和帕累托效率等,运用到公共产品最佳供给分析上来,建立了著名的萨缪尔森模型。他假定一个社会有两名消费者 A 和 B,两种产品(私人产品和公共产品),其生产可能性组合既定,消费者的偏好既定,寻求公共产品的最优提供条件。他认为一般均衡分析的结果是:消费上的边际替代率之和等于生产上的边际转换率,这就是著名的公共产品有效提供的萨缪尔森条件。

公共选择学派也为公共产品的有效供给作出了卓越的贡献。布莱克(1948)进行的投票问题研究,阿罗(1951)的社会抉择与社会福利函数,以及基于个人偏好的社会抉择和归并中的逻辑困境的研究,提出的著名的"阿罗不可能定律",引起了人们对公共选择问题的极大关注。道斯(1957)对民主制下政治市场的分析,布坎南(1962)将集体抉择、决策原理和投票程序等问题融于一体,构成了社会抉择理论,以及图洛克和尼斯坎宁(1971)对官僚政治学的研究等,都把经济学融入了传统的政治学领域,如何通过政治程序实现公共产品的最优供给问题,已成为迅速发展的公共选择理论的主要内容,从而进一步丰富和发展着公共产品理论。

2.2.2 外部性理论

在现实经济中,经常会发生这种现象,某人或某企业的活动给他人造成了有利或不利的影响，但并没有因此而取得报酬或提供补偿，这种现象被称为"外部性"（Externalitiesa）。

1）外部性理论演进

外部性的概念是剑桥学派的阿尔弗雷德·马歇尔（A. Marshall）最先提出的，他在 1890 年出版的《经济学原理》中写道："对于经济中出现的生产规模扩大，我们是否可以把它区分为两种类型，第一类，即生产的扩大依赖于产业的普遍发展；第二类，即生产的扩大来源于单个企业自身资源组织和管理的效率。我们把前一类称作'外部经济'，将后一类称作'内部经济'"。所谓外部经济，是指由于企业外部的各种因素所导致的生产费用的减少，这些影响因素包括企业离原材料供应地和产品销售市场远近、市场容量的大小、运输通讯的便利程度、其他相关企业的发展水平等等。

庇古（A. C. Pigou）在 1912 年发表的《财富与福利》一书中，首次从福利经济学的角度出发，通过分析边际私人净产值与边际社会净产值的背离来系统地阐释外部性。庇古认为，如果在边际私人净产值之外，其他人还得到利益，边际社会净产值就大于边际私人净产值，就会产生正外部效应；反之，如果其他人受到损失，边际社会净产值就小于边际私人净产值，会产生负外部效应。外部性实际上就是边际私人成本与边际社会成本、边际私人收益与边际社会收益的不一致，在这种状态下，依靠自由竞争是不可能达到社会福利最大化的，应由政府采取适当的经济政策，消除这种不一致。

20 世纪 50 年代后，经济学家对"外部性"的内涵与外延都进行了更为宽泛的理解，米德（James Edward Meade）在 1952 年发表的《竞争情况下的外部经济与不经济》一文中认为"外部经济（或外部不经济）是指这种事情：它使得一个（或一些）在做出直接（或间接地）导致这一事件的决定时根本没有参与的人，得到可察觉的利益（或蒙受可察觉的损失）"。1962 年，布坎南（Buchanan）和斯塔布尔宾（Stubblebine）通过函数关系表达对"外部性"的理解：外部性可以表达为：$UA = UA (X_1, X_2 \cdots X_n, Y_1)$，$UA$ 表示 A 的个人效用，它依赖于一系列的活动（$X_1, X_2 \cdots X_n$），这些活动是 A 自身控制范围内的,但是 Y_1 是由另外一个人 B 所控制的行为,B 被假定为社会成员之一。

在 20 世纪 60 年代,科斯(Coase)虽然没有对"外部性"进行界定,但他的经典论文《社会成本问题》中"交易成本"这一范畴的提出,从一个全新的视角阐释"外部性"。科斯认为庇古是在错误的思路上讨论外部性问题,他在论文中证明,在交易费用为零的条件下,无论初始的权利如何分配,资源最终都会得到最有价值的使用,因为理性的主体总会将外溢成本和收益考虑在内,社会成本问题不复存在。同时他认为,庇古等福利经济学家对外部性问题没有得出正确的结论,并不简单地在于分析方法上的不足,而根源于福利经济学中的方法存在根本缺陷。科斯进一步提出了解决外部性问题的思路,就是把外部性问题转变成产权问题,外部性的产生并不是市场制度的必然结果,而是由于产权没有界定清晰,有效的产权可以降低甚至消除外部性,只要产权是明晰的,私人之间的契约同样可以解决外部性问题,实现资源的最优配置。

1970 年,华人经济学家张五常发表了《合约结构与非专有资源理论》一文,认为传统的"外部性"概念是模糊不清的,应该用"合约理论"代替"外部性"理论。1988 年,鲍默尔(Baumol)和奥茨(oates)在对诸多"外部性"的论述考察之后认为:如果某个经济主体的福利中包含的某些真实变量的值是由他人选定的,而这些人不会特别注意到其行为对于其他主体的福利产生的影响,此时就出现了外部性;对于某种商品,如果没有足够的激励形成一个潜在的市场,而这种市场的不存在会导致非帕雷托最优的均衡,此时就出现了外部性。

2) 解决外部性的办法

外部性的存在使得资源配置不能达到最优状态,因为在正外部性情况下,由于外部性的造成者没有得到相应的报酬,因而不会根据社会的利益最大化原则行事,无法使具有正外部性的活动达到社会最优水平;而对负外部性来说,由于负外部性的造成者没有为此负出代价,因而也不愿把具有负外部性的活动控制在社会所期望的范围内。外部性的影响有大有小，当外部性足够大时，社会必须找到相应的解决办法，才能使资源达到最优配置。解决外部性的办法主要有两种，一是通过私人解决；二是通过政府政策解决。

（1）私人解决的办法

私人解决外部性的一个办法是运用道德和社会约束。通过道德和社会约束，社会成员将自己的行为限制在社会所期望的范围之内，适用于一些较小的外部性。另一个办法是慈善行为，通过慈善组织的一些活动，一些外部性可得以解决，比如慈善组织资助的研究机构和大学的一些基础研究项目等。当事各方的协商和市场交换也是私人解决外部性的一个办法，如通过企业合并可使得外部性内部化。虽然私人的一些行动可以解决一部分的外部性，但在大部分情况下，交易成本的存在使得私人之间的协商和交易变得不可能，需要通过政府干预来解决外部性问题。

（2）政府干预的办法

政府为了解决外部性而制定的政策可能有多种，但其目的都是为了有效地控制外部性的有害影响，发挥其有利影响。政策解决外部性的办法主要是：一是管制，政府可以出台一些规定或禁止某些行为来解决外部性问题。二是税收和补贴，政府可以对边际私人成本小于边际社会成本的部门进行征税，即存在负外部效应时，政府可以通过征税来抑制具有负外部性的活动；对边际私人收益小于边际社会收益的部门实行奖励和津贴，即存在正外部效应时，政府通过给以补贴来激励具有正外部性的活动。庇古认为，通过这种征税和补贴，就可以实现外部效应的内部化，这种政策又被称为"庇古税"。

2.3 市场机制、政府机制与社会机制的有机配合

"机制"一词来源于希腊文，原意是指机器的构造和运作原理。后来，生物学、医学通过类比借用此词，它们的"机制"是指生物体

(包括人)的各个组成部分之间的相互关系、运动方式及功能。所以起始的"机制"包含三层意思:一是指机器的构造和工作原理;二是指有机体的构造、功能和相互关系;三是指一个复杂的工作系统和某些自然现象的物理、化学规律。① 此后,"机制"这一概念被用于经济学中,指经济机体的各构成要素之间相互组合、相互制约、相互作用的运动过程和运动方式。

2.3.1 市场机制与市场失灵

市场机制就是市场运行的实现机制。它作为一种经济运行机制,是指在基本经济规律主导下作用于市场规律体系的作用形式,市场各要素之间互相结合、互相影响、互相制约的市场自组织、自调节的综合机能,是市场运行的实现机制。市场机制有一般和特殊之分,一般市场机制是指在任何市场都存在并发生作用的市场机制,主要包括供求机制、价格机制、竞争机制和风险机制。特殊市场机制是指各类市场上特定的并起独特作用的市场机制,主要包括金融市场上的利率机制、外汇市场上的汇率机制、劳动力市场上的工资机制等。市场机制的动力来源于市场主体对个体利益的追求,通过传动系统转换为个体目标与社会经济目标。

人类社会经济发展的实践表明,市场机制是迄今为止最有效率、最具活力的资源配置手段和经济运行机制,它具有其他任何手段和机制都无法比拟的功能优势。市场机制的优点是对市场反应灵敏,市场上各种信息在不断地流动,每一个主体都可以根据自己获得的信息进行自己的判断,采取不同的策略,作出有利的决策,从而导致市场策略的多元化特征。但是市场自身也存在一定的缺陷,如自发性、盲目性、滞后性等,造成市场机制运行的失灵,经济学把其归结为"市场失灵""(market failure)。具体表现在无法提供公共产品、存在外部性、产生垄断性、信息不对称、收入分配不公

---

① 魏江,许庆瑞.企业技术创新机制的概念、内容和模式.科技进步与对策.1994(6):37。

以及市场波动与经济不稳定性等方面。

2.3.2　政府机制与政府失灵

"政府机制是指有目的地通过制度安排形成的政府内部主体之间、政府与外部主体之间相互联系和相互作用的模式。如果从主动设计角度上看,也可将政府机制看作是按照机制概念对政府内部主体之间、政府与外部主体之间相互联系和相互作用所作的一种制度性安排。"[①]

国家作为政治统治与社会治理的工具,不仅承担实现社会公共目标的责任,而且掌握由国家强制力支撑的公共权力,国家机制能在维护社会经济基本制度、提供市场正常运作的稳定的经济环境,提供公共物品、合理运用资源、保护生态环境、实现可持续发展以及消除两极分化等方面发挥其优势。

政府干预经济生活的逻辑起点是市场存在缺陷,种种市场失灵的存在让人们认为只有政府才能解决市场失灵问题。然而,学者们的研究表明及实践证明,政府干预也存在一定的局限性,沃尔夫(C. Walf, 1994)认为,正如缺少完善、完整的市场产生了各种类型的市场缺陷一样,非市场缺陷的原因在于缺少一种非市场机制,它能使决策者把私人的或组织的成本与效益同整个社会的成本与效益进行调节和计算。[②] 这就是所谓的"政府失灵"。著名经济学家斯蒂格利茨也曾说:"对那些提议对市场失灵和收入分配不平等采取干预的人们,经济学家提醒他们也不要忘记政府同私人市场一样是有缺陷的。"[③]萨缪尔森(P. A. Samuelson)给政府失灵下的定义是"当国家行动不能改善经济效率或当政府把收入再分配给不恰当的人时,政府失灵就产生了。"[④]

---

①　沈荣华. 政府机制. 北京:国家行政学院出版社,2003:11。

②　查尔斯·沃尔夫. 市场或政府,北京:中国发展出版社. 1994:34。

③　斯蒂格利茨. 经济学. 北京:中国人民大学出版社,1997。

④　萨缪尔森. 经济学. 北京:中国发展出版社,1992:1189。

经济学家道格拉斯（Dougias，1983）认为，在提供公共产品方面，政府失灵主要表现在五个方面：一是政府服务需求者资格的限制，使得某些人被排除在服务供给之外，其制定标准有时欠公平性考量；二是公共物品之间的竞争和需求无法得到立即满足；三是长期的福利服务有时受到政治因素而中断；四是政府的本位主义使得政府人员所收集的资料有所偏差；五是政府福利机构的规模过大，导致非人性化的现象。政府机制的缺陷主要表现在公共政策失效、政府运行成本过高、政府组织低效率、权力寻租以及政府的内部性问题等。

2.3.3　社会机制与志愿失灵

20世纪80年代以来，全球范围内出现了一股非常重要的社会运动，在市场和政府以外出现了第三种"制度安排"与"组织形式"，人们称之为社会机制。社会机制可以弥补市场机制和政府机制的缺陷，但是，社会机制也存在着局限性，即"志愿失灵"。世界银行在其网站上列举了"志愿失灵"的六个表现：一是资金和管理技术有限；二是制度能力有限；三是自我可持续水平低；四是相互之间缺乏沟通或协调；五是干预的规模小；六是对更广阔的社会或经济背景了解少。

社会机制的运行主体是"第三部门"（亦称非营利组织、非政府组织、公民社会组织、志愿组织或独立部门等），是由列维特（Levitt，1973）等人提出的，他们将其定义为既非国家机构也不是私营企业的第三类组织。也就是说"第三部门"是指那些介于政府和市场之间的组织，这些组织包括大学、科研机构、医院、环保组织、社会俱乐部等。"第三部门"没有国家政权作为依托，不以盈利为目的（但并不是不盈利），关注的是公共事务。

"第三部门"存在必要性的理论解释主要有以下两种：

一种是"弥补论"亦即"市场失灵——政府失灵论"。"弥补论"是由美国经济学家韦斯布罗德（Burton Weisbord，1975）最早提出的。"弥补论"认为：由于公共产品具有消费的"外溢性"和"非排他性"，决定了公共产品由市场机制提供时会存在"搭便车"的问题，从而导致公共产品的供给不足，即所谓的"市场失灵"。"市场失灵"为政府提供公共产品找到了根据，然而，政府提供公共产品倾向于反映中位选民的偏好，即提供单一化、标准化的公共产品。但现实中，人们对于某些公共产品的需求在质和量上都有所不同，从而在公共产品的提供上也存在不同程度的"政府失灵"。"政府失灵"为"第三部门"的产生和存在提供了空间。

另一种是"新公共管理论"。"新公共管理论"虽然也承认政府和市场的失效，但是强调的不是非政府组织的替代作用，而是主张政府、市场及非政府组织之间的互动与合作，它关注的不是单一部门，而是国家、市场和非政府组织之间的合作关系。

萨拉蒙在《美国的第三部门》一书中，分析了美国的社会结构，提出了"政府部门——营利部门——非营利部门"新的三元结构分析模式，三个部门处于不同的"社会场域"，遵循不同的运作逻辑，相互之间不是相互替代，而是相互补充。[①] 目前，社会科学研究中对于社会结构进行分析的三元结构模式已基本确立起来。见表2.2。

表 2.2　三部门结构模式表

	第一部门	第二部门	第三部门
活动主体	政府组织	营利组织	非营利组织
活动场域	政治领域	经济领域	社会领域
制度逻辑	权力	金钱	使命

资料来源：王建华．第三部门视野中的现代大学制度．广州：广东高等教育出版社，2008.136。

2.3.4　市场、政府与社会机制的有机组合

现实中，纯公共产品、准公共产品及私人产品之间难以准确划

---

① 王建华．第三部门视野中的现代大学制度．广州：广东高等教育出版社，2008：135。

分,再加上"市场失灵"、"政府失灵"及"志愿失灵"的存在,说明仅有市场、政府或社会机制是不够的,一个健全的社会体系必须同时包含这三种机制或三种力量。因此,在现实资源配置中,一般不会出现政府机制、市场机制和社会机制的单一运行,需要市场、政府和社会机制相互依赖、共同合作来满足社会不同人群的需要。所以往往会呈现出多种多样、混合搭配的模式。见图2.3。

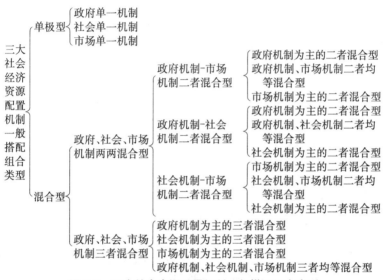

图2.3　三大社会资源配置机制一般搭配组合类型

资料来源:王敏.政府财政教育支出绩效评价研究.北京:经济科学出版社,2008.74。

图2.4反映了市场、政府与社会机制的相互作用机理。过程①反映由于市场机制无法解决公共物品的提供、外部性等问题,产生市场失灵,因此需要政府机制来运作。②反映政府虽然能够部分解决市场失灵问题,但其自身存在的信息有限及官僚时滞等问题而导致政府失灵,政府失灵和市场失灵导致了社会机制的出现,然而社会机制在运作中也会出现"志愿失灵"的情况,让人们认识到只依靠社会机制是不行的,需要联合市场和政府一起配置资源,如③所示。因此,市场、政府和社会机制相互合作,取长补短,来共

同满足社会不同群体的所有需求。如④⑤所示。

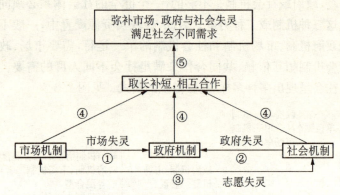

图 2.4　市场、政府与社会机制的相互关系

2.3.5　市场、政府与社会机制理论的历史变迁

（1）古典自由主义的市场主导论。1776 年，亚当·斯密在《国民财富的性质和原因的研究》一书中提出自由资本主义理论。他认为，排除政府的干预，不仅不会产生经济上的无政府状态，反而有利于市场经济的"自然秩序"规律发挥。因此，经济活动应该是完全自由的，由一只"看不见的手"来支配，而政府应成为一个好的"守夜人"，即管得最少的政府就是最好的政府。政府的主要职责应当集中在：一是保卫国家安全；二是保护社会上的个人安全；三是建设和维护私人无力或不愿办的公共设施和公共事业；四是政府应当是"廉价政府"。政府在社会中仅仅扮演"守夜人"和"夜警"的角色。

（2）福利国家时期的政府干预论。20 世纪 30 年代的全球性经济危机打破了"市场完美论"的神话。凯恩斯（J. M. Keynes）于 1936 年出版的《就业、利息和货币通论》，提出了政府干预的政策主张。他主张国家应对经济实行全面调节和干预，摒弃传统的收支平衡的财政政策，实行扩张性的财政政策和货币政策，通过增加投资，刺激消费，扩大需求，实现总需求与总供给的均衡，最终达到充分就业的水平。美国罗斯福总统率先实施"新政",标志着政府干预理论开始在实践中应用,使美国率先走出经济危机的泥潭,随后西方国家相继采取政府干预措施,逐步走出困境。

20世纪60年代,西方国家先后出现了"混合经济"、"福利国家"的现象,政府在经济和社会生活中不再只扮演"守夜人"角色,而是成为一个积极的、不可或缺的重要组成部分。同时,以亚洲四小龙为首的"东亚经济奇迹"的出现,更加证明了后发展国家社会经济发展中政府的突出作用。于是,强调政府干预的凯恩斯主义理论渐渐兴盛起来。

(3)新自由主义的市场主导论。然而,进入20世纪70年代以后,西方国家经济运行先后出现了"滞胀"现象,凯恩斯主义的国家干预政策在解决"滞胀"问题时则完全失灵。这些问题的出现使人们对政府干预调节的功效失去了信心,"政府失灵"的概念开始出现。

凯恩斯的政府干预理论出现危机以后,新自由主义经济理论相继成为西方资本主义国家官方经济学。以弗里德曼(M. Friedman)为代表的现代货币主义,以拉弗尔(A. Laffer)等人为代表的供给学派,以穆思(J. F. Muth)等人为代表的理性预期学派,以布坎南(J. M. Buehanan)等人为代表的公共选择学派等理论,针对"政府失效",积极提倡自由企业制度,强调让市场机制重新成为经济运行的基本调节机制,加强市场的作用。

(4)新凯恩斯主义的政府干预论。20世纪80年代著名经济学家斯蒂格利茨在总结福利经济学关于"市场失灵"理论与公共选择学派关于"政府失灵"理论的基础上,结合当代市场经济中政府干预的实践提出了较为温和的国家干预论。他认为,市场与政府都不完美,皆存在一定的缺陷,需要二者的结合。一方面市场机制存在公共产品、外部性、自然垄断、经济不稳定等市场失灵现象,需要政府进行干预;另一方面,政府经济行为的低效率,需要采取措施来增强竞争、削弱垄断、适度分散政府干预。

鉴于现代经济的特点,无论是新自由主义学派还是凯恩斯主义学派都在不断修正自己的观念，经济学家们较少再主张"纯粹的自由经济"或"纯粹的政府干预"。新自由主义者不再完全否定政府干预的作用，他们主张的政府经济职能侧重于保护和完善市场的自由竞争秩序，防止垄断的发生。在这种经济背景下，西方国家已悄然完成了政府经济职能的调整，就是综合自由市场经济与政府干预的优点，走向政府与市场结合的"混合型"经济。

（5）新型混合经济时期。"第三条道路"是 20 世纪末，西方中左翼政党提出的一种新的施政纲领。其实质是新型的混合经济在公共部门与私人部门之间建立一种协作机制，在最大限度地利用市场的动力机制的同时，把公共利益作为一项重要的因素加以考虑。"第三条道路"基本上超越了公与私的对立，强调实现经济领域与非经济领域的平衡。新型混合经济的表现是"积极政府"，政府的角色定位是"掌舵而不是划桨"。

从以上政府与市场关系理论的演变轨迹来看，政府主导论和市场主导论互有交锋，同时在政策主张上也呈现出明显的阶段性政府主导和阶段性市场主导特点。但西方国家经过新自由主义、新凯恩斯主义理论和实践的反复，政府干预市场的地位逐渐确立，其理论也渐渐走向成熟。如今，对政府职能争论的焦点，已不再是政府是否需要干预经济、介入社会领域，而在于实践中政府应当干预什么、什么时候干预、干预的程度如何及如何干预等问题。

3 政府科技投入的动因及体系

　　纵观世界各地的科技活动,可看到政府通过各种各样的方式、手段来干预、激励创新活动,科技创新是一项耗资巨大的产业,需要雄厚的资金保障。"没有哪一个国家可以不关心、不利用、不干预、不管理和不控制技术,不或多或少给予科技投入。"① 20 世纪以来,科学技术的发展越来越依赖于政府的支持,特别是政府的科技投入。正如索罗门所指出的:"科学步入政治的中心才会有最好的发展,因为如果没有国家支持,科学自身不能满足自己的需要。没有任何私人的捐助或基金能够承受科学所需投资的花费,而这种投资需求从原则上讲是无限的"。② 约瑟夫·斯蒂格利茨也讲道:"离开政府的重要作用,几乎找不到一个主要国家经济增长的例证。"③1945 年,美国科学研究发展局主任 Ｖ·布什在《科学——没有止境的前沿》报告中,强调必须给美国研究工作提供新动力,"这些新动力只有从政府中才能迅速产生,否则学院、大学和研究所的研究经费将不能满足日益增长的公共需要所产生的额外要求。"鉴于科技发展直接影响经济增长的性质、规模、进程与速度,20 世纪50 年代以来越来越多的国家,借助财政手段相继投入科技创新领域和过程,使之成为政府的一种经济职能。

---

　　①　陈昌曙.技术哲学引论.北京:科学出版社,1999:223。

　　②　Jean-Jacques Salomom. Science and Politics, London:Macmillam press, 1973.

　　③　约瑟夫·斯蒂格利茨.政治经济学.长春:春秋出版社,1985。

3.1　政府科技投入的动因分析

3.1.1　提供公共产品

1）科技产品具有公共产品属性

从科技活动不同发展阶段的产出特征来看，可以将科技产品分为"知识产品"和"技术产品"。科技活动的根本目的是实现知识形态生产力向物质形态生产力的转变。知识形态生产力要确实转变为物质生产力，一个必不可少的中介就是技术。因此，要最终完成这一转变，大致要经过两个主要阶段：第一阶段是对某一特定科学知识认知的形成，这一阶段科技活动的产出称为"知识产品"；第二阶段是在有效认识科学知识的基础上创造出能够直接应用于物质生产或消费的技术，这一阶段科技活动的产出称为"技术产品"。知识产品通常不具有实物形态，其主要表现形式为科学论文、科学专著、原理性模型或发明专利等；技术产品可能以非实物形态存在，也可能以实物为载体存在，其主要表现形式为专利设计、专有技术、工艺、程序、配方、图纸、试产品等。

知识产品和技术产品具有公共产品的性质。内生经济增长理论认为，知识产品和技术产品具有公共产品的特性：一是具有使用上的非竞争性。知识产品和技术产品可以重复使用，任一消费者对知识产品的使用不会妨碍另一个消费者对该知识产品的使用，即消费边际成本为零。但和其他公共产品不同的是，对知识产品的消费不仅不会引起知识的损耗而且还有可能会增加知识产出。二是具有消费上的非排他性，知识产品和技术产品一旦创造出来，任何具有相关知识的人都可以使用，其高度的外部性使得排他成本很高，所以知识产品又具有非排他性。虽然专利制度使得知识产品和技术产品部分地具有了私人产权，在一定程度上解决了知识产品的"搭便车行为"，但现实中并不是所有的知识产品和技术产品都能进行产权确定，有的即使有了产权也不能阻止其利益的外溢。同时由于市场机制存在缺陷,创新者可能无法直接得到创新回报,回收创新的全部好处,其差额包括消费者剩余、使用创新产品的产业生产力的增加量和技术扩散的收益。技术成果也具有较强的外溢性,决定了创新者无法排除他人搭便车的行为,不能完全通过收费来弥补创新成本。

按照公共产品的判定原则,知识产品和技术产品也可以分类,对于基础研究所产生的知识产品而言,具有纯公共产品的性质,而对于可以使用知识产权和专利保护制度排他的知识产品和技术产品由于其消费的非竞争性仍很突出,有的即使有了产权也不能阻止其利益的外溢,如专利过期、模仿等,属于准公共产品。

由于科技创新产品不同程度地具有公共产品属性,加之科技创新需要高额的成本投入,在不能得到充分补偿的情况下,私人往往会选择接受科技的溢出,而不进行自主创新,当所有人都选择这种自认为是最优策略时,就会导致科技创新的停滞,造成科技创新的市场失灵。因此,在市场机制实现科技资源最优配置的功能扭曲时,为协调个人利益和社会利益,就使得政府必须通过财政手段给予科技创新以必要的扶持,以弥补市场机制的缺陷。

当然,在现实中,由于科技产品的创造是一个极其复杂的投入产出过程,不能简单地把科技产品都断定为公共产品。科技产品既包含了公共产品性质、又包含了准公共产品和私人产品的性质。一般来说,科技产品越是接近商业化阶段,就越具有私人产品性质;越是基础性的、基本原理的,越具有公共产品性质;而介于两者之间的科技产品,既具有公共产品性质,又兼有私人产品性质,是典型的准公共产品。因此,政府主要提供具有公共产品和准公共产品性质的科技产品,具有私人产品性质的科技产品主要由市场来提供。

2) 科技创新成果具有外部性

许多科技创新成果一旦被应用和推广,就会在全社会范围内产生极为可观的经济效益和社会效益,并为社会成员、企业和行业所共同分享。科学研究是一种存在完全外部性的产品,"它的增长有点像风那样，'所到之处都在吹'"①。由于科学研究具有效用上的不可分割性，消费上的非竞争性和受益上的非排他性，因此，科学研究从公共产品属性上来看，是一种纯公共产品，具有很强的外部性。科技创新的"外部性"主要表现为"溢出效应"（Spill-over），主要是由科技创新的扩散造成的，非创新者容易根据创新成果信息进行模仿，使得非创新者可以从创新中获得收益而不需支付相应的报酬。创新者需要花费大量成本开发市场，具有较大风险，但市场往往存在剩余需求容量，非创新者通过模仿生产的产品，由于节省了市场开发成本，占有价格优势，减少了风险。

　　科技创新的外部性对现实所产生的社会经济效应主要体现在两方面：一方面是正效应，另一方面是负效应。正效应是指投资者在为自己的利益进行科技创新时将会给社会创造更高的边际收益，由于科技创新溢出效应的存在，获得溢出效应的企业或私人可以减少创新成本，提高科技水平，从而加快科技创新成果的扩散，使整个社会的财富增加。负效应是指科技创新的溢出效应使得投资者不能得到全部的创新收益，边际收益下降，当投资者的创新收益小于创新成本时，从事创新的动机下降，而对于无偿获得溢出效应的企业或私人来说，等待其他投资者创新的动机加强，从而会在根本上抑制投资创新的积极性，降低整个社会的福利。

　　学者们认为，创新是一个"金字塔"结构，处于"创新金字塔"尖端的原始性创新外部性最大，处于"创新金字塔"中部和底座的应用型研究仍存在较大的溢出效应。罗默（1986）构建了知识溢出效应模型，对知识的外溢效应进行了阐释。他认为知识的正外部效应，使得知识的社会边际产量与私人边际产量存在差异，存在市场失灵，如果没有政府干预，每个竞争性厂商不会取得社会最优量的知识积累，均衡经济增长率低于帕累托最优经济增长率。

　　知识外部性也得到学者实证研究的支持，美国的经济学家纳

---

①　W. A. 刘易斯. 经济增长理论. 上海：上海人民出版社，1994：218。

尔森和阿罗(Nelson,1959;Arrow,1962)最早将市场失灵理论适用于技术创新研究。他们指出,在技术创新过程中之所以存在市场失灵,根源在于技术创新的重要特性;创新收益的公共性和外部性(非独占性)、创新过程的不确定性和风险性。正是由于市场机制在技术创新方面的失灵,才有了政府在这一领域进行干预活动的理论依据。美国经济学家曼斯菲尔德(1985)通过对美国专利及技术外溢效应的实证研究,发现一家企业的科技创新成果会很快扩散到整个行业乃至社会,使社会在其创新中获益。OECD 发布的《以知识为基础的经济》(1996)为题的报告中,对私营 R&D(或创新)的私人收益率与社会收益率的研究综述表明,社会收益率普遍超出私人收益率。曼斯菲尔德教授的一项研究表明,技术创新的平均社会收益为56％,而平均私人收益为25％,社会收益是创新者私人收益的两倍还多。见表3.1。另外,其他学者也做了这方面的研究,研究结论见表3.2。这些研究者都得出了大体相同的结论,科技创新的社会收益率普遍高于私人收益率。

表 3.1 17 项创新投资的社会和私人收益率

创　新	技术创新收益率(百分比)	
	社会的	私人的
基本金属创新	17	18
机床创新	83	35
控制系统部件	29	7
建筑材料	96	9
钻孔材料	54	16
制图创新	92	47
造纸创新	82	42
纤维创新	307	27
门窗控制创新	27	37

续　表

创　新	技术创新收益率（百分比）	
	社会的	私人的
新电子设备	负	负
化学产品创新	71	9
化学工艺创新	32	25
化学生产过程创新	13	4
主要化学工艺创新	56	31
家庭清洁设备	209	214
去污剂	116	4
免洗液体	45	45
平均	56	25

资料来源：Mansfield. Social and private Rates of Return from Industrial Innovations. Quarterly Journal of Economics，1977，77：221－240.

表 3.2　私营 R&D（或创新）的私人收益率与社会收益率

作者（年份）	估计的收益率	
	个人	社会
Nadiri(1993)	20～30	50
Mansfield(1977)	25	56
Terleckyj(1974)	29	48～78
Sveikauskas(1981)	7～25	50
Goto and Suzuki(1989)	26	80
Bernstein and Nadiri(1988)	10～27	11～111
Scherer(1982,1984)	29～43	60～147
Bernstein and Nadiri(1991)	15～28	20～110

资料来源：经济合作与发展组织. 以知识为基础的经济. 机械工业出版社,1998.

科技创新的这种溢出效应一方面增加社会收益，另一方面又抑制了企业或私人科技创新的动力,导致科技创新的市场失灵。因此,政府进行必要的干预,有效控制科技创新的负效应,激发投资者科技创新的积极性,才能使科技创新供给达到社会最优水平。

3.1.2 分担创新风险

创新面临的另一个市场失灵的问题是科技创新过程中的不确定性。不确定性(uncertainty)最早是概率论术语,是用随机事件或随机变量来描述的,指随机事件发生与否或随机变量的取值在事先是不知道的[①]。美国经济学家奈特(FrankKnishl)首次在风险与不确定性之间作了重要区分,认为风险是概率已知的不确定状态,不确定性却是并不知道未来事件概率的状态。[②] 科技创新的不确定性,最先是由阿罗(Arrow,1962)提出来的,他认为科技研发过程具有三个突出的特征:不确定性、不可分割性以及创新利润的非独占性。其中,不确定性存在于研发过程的每一个环节,是研发的一个核心特征。

科技创新的不确定是指由外部环境的不确定性、创新项目本身的难度与复杂性、创新者自身能力与实力的有限性而导致的科技创新活动达不到预期目标的可能性。

科技创新是一项没有先例,也无经验可循的探索性开创活动,它涉及到探索、发现、试验、开发、模仿以及采用新产品、新工艺和新的组织结构以及新技术的商业化。这一活动中的各个环节都包含了一定的不确定性。总的来说,科技创新的程度越高,不确定性就越高。贝基(Paul Beije,1998)根据创新的不确定性对创新作了分类(见表3.3)。贝基的分类表明创新程度与创新过程的不确定性和外溢性具有一致性。

---

① 吴永忠. 论技术创新的不确定性. 自然辩证法研究. 2002(6):37。

② S. Lundsted. E. Colglazier(eds). Managing Innovation. New York: Pergamon Press, 1982:46.

表 3.3　不同类型创新的不确定程度

完全不确定性	基础研究与发明
极高的不确定性	产品的完全（radical）创新 来自企业外部的过程创新
高不确定性	主要产品创新 自有系统和设备的过程完全创新
中度不确定性	新一代产品的生产
低不确定性	获许可证后进行创新 对产品创新的模仿 产品和过程的改进 新过程的早期采用
极低不确定性	新模型 产品差异化 微小的技术改进 代理新产品的创新 新过程的晚期采用并在自有设备上操作经许可的工艺

资料来源：Paul Beije. Technological Change in the Modern Economy; basictopics and new developments. Cheltenham, UK, Northampton, MA, Edward Elgar Publishing, 1998,116.

　　科技创新过程中的投入关系具有不确定性，不能保证投入多少主体资源，投入多少研究资源，就一定能产出多少知识和技术创新。这是因为：第一，创新的复杂性。随着科技的进步，创新变得越来越复杂，需要的时间与金钱也越来越多，往往超过了企业的开发能力和资金投入能力。比如由于资金不能及时供应可能导致创新活动某一环节中断，造成创新失败。第二，技术存在不确定性。由于创新要求很高的技术水平，受制于诸多因素，技术开发失败及生产工艺开发失败的可能性较大，造成技术效果的不确定性和结果的不可预知性。第三，市场存在不确定性。由于市场需求的不确定性和替代产品的存在，谁也不敢肯定创新成果一定能转化为经济价值，比如日本在高清晰模拟电视上的投资随着美国数字高清晰电视机的出现而变得一钱不值。创新的高风险性往往阻碍企业参与创新活动,而私人企业通常对其未来的预期较为悲观,一般采取较高的贴现率,会进一步降低企业开展创新活动的热情。因此,市场在创新和知识生产的资源配置上是"失灵"的,私人厂商投资于 R&D 活动的数量可能会低于社会的最优水平。第四,收益存在不确定性。由于科技创新溢出效应的存在,进行创新的企业不能完全占有科技创新的全部收益,并且在占有多大比例的创新收益方面也是不确定的,造成企业对创新的恐惧,回避创新。第五,创新制度环境存在不确定性。任何科技创新都是在一定的国家制度环境下进行的,创新的外部环境直接参与创新的整个过程,并且对其发展速度、方向以及最终结果产生巨大影响。由于制度环境主要由政府行为的公众偏好所组成,而政府行为和公众偏好均存在极大的不确定性,给创新过程带来了不确定性。如 20 世纪 70 年代的世界性石油危机,各国政府纷纷调整其产业政策,鼓励开发新能源,限制石油消耗,使得汽车工业被迫调整其研发方向,转向开发与生产轻型低耗的节能型汽车。

科技创新的不确定性对创新最大的影响就是造成了创新的时滞。创新时滞就是从最初的设计思想到最终作为实用化商品进入市场并为消费者所接受的过程。曼斯菲尔德(1968)通过考察钢铁、石油精练以及烟煤三个部门时发现,若将创新视为科技发明的第一次商业化应用,则发明与创新之间存在着平均 10—15 年的时滞。学者们经过研究还发现,时滞普遍存在于科技创新之中,几乎所有的重大科技发明成果的转化都要经历一个或长或短的时滞。而时滞出现的主要原因是科技创新过程中存在的不确定性。见表 3.4。

表 3.4　发明—创新时滞

技术成果	发明日期	创新日期	时滞(年)
自动传动(汽车)	1909	1939	30
圆珠笔	1888	1946	58
石油催化裂化	1915	1935	20

技术成果	发明日期	创新日期	时滞(年)
宽银幕立体电影	1937	1953	16
连续轧钢	1927	1952	25
摘棉机（坎贝尔）	1920	1942	22
摘棉机（拉斯特）	1924	1941	17
柴油发动机	1895	1913	18
荧光灯	1901	1938	37
直升飞机	1904	1936	32
胰岛素	1920	1927	7
飞机打动机	1928	1941	13
柯达彩卷	1921	1935	14
磁带录音机	1898	1937	39
尼龙、贝纶	1927	1938	11
青霉素	1928	1943	15
普列克斯玻璃	1912	1935	23
聚乙烯	1933	1937	4
雷达	1925	1934	9
收音机	1900	1918	18
火箭	1923	1942	15—19
链霉素	1942	1944	1—2
苏尔泽织机	1928	1945	17
人造清洁剂	1886	1928	42
电视	1927	1936	9
半导体	1948	1950	2
静电印刷	1937	1950	13

技术成果	发明日期	创新日期	时滞(年)
拉链	1891	1923	32
回旋加速器	1928	1937	8
滴滴涕	1874	1942	68
氟里昂制冷	1930	1931	1
慢转密纹唱片	1945	1948	3
安全刀片	1895	1904	9
自动手表	1922	1928	6
不锈钢	1904	1912	8
数字电子计算机	1902	1943	41
浮法玻璃	1955	1957	2
吹氧炼钢	1949	1952	3
照相排版	1936	1954	18
气垫船	1955	1968	13

资料来源:约翰·克拉克等.长波、发明与创新.现代国外经济学论文选第十辑.北京:商务印书馆,1985。

科技创新的不确定性直接导致了科技创新的高风险性,1％的技术成果往往以99％的失败为基础,据调查,世界上产生收益的创新占全部创新的比例不到10％。企业的投资经营风险包括两部分,即所得风险和资本风险,而市场本身难以提供分担风险的有效机制。创新者通常不能事先确切地知道研究与开发投资能否取得成功,即使预期能够成功,也难以确切地预知该项研究成果的市场应用和盈利前景,如1997年美国每10000个得到风险投资支持的创新项目中,仅有一个可以成功占有1％的市场。[①] 由于技术的快

① 邱曼萍.陈洪斌.知识经济的实质及不完全收益递增.经济学消息报,1998(4)。

速发展和高度竞争，技术开发的成本越来越高，一旦开发失败，可能使企业遭受巨大损失甚至破产。如美国政府大力支持的默克制药公司历经十年研制的一个艾滋病疫苗以失败告终，损失巨大。我国的科技成果积压率高达 80%，如果在开发、转让、使用过程中稍有不慎，就可能泄密，使技术商品失去固有价值。一般而言，企业科技创新可分为三个阶段，即探索研究阶段、开发研究阶段和产业化或商品化阶段。国外的研究表明，探索研究阶段的成功率一般低于 25%，开发研究阶段成功的可能性为 25%—50%，产业化或商品化阶段的成功率一般为 50%—70%。① 高投入的科技创新一旦出现差错，会给企业带来巨大的损失甚至破产，从而造成企业创新恐惧症。

科技创新中的不确定性和风险性导致大部分企业难以承担科技创新高投入、高风险的负担，使企业对科技创新的投入不会达到最优水平，这就需要政府采取各种形式加以干预，直接或间接地分散、分担科技创新风险，促进科技创新活动。一般来说，外溢效应越大、风险和不确定性以及信息不对称程度越高的技术创新活动，政府的参与程度就应该越高。

3.1.3 弥补创新系统失效

市场机制下，科技创新主体的创新行为以满足其私利性为目标，如以市场为主体的科技创新行为往往以个体利润、效益或效果最大化为目标，企业科技创新主要服从于市场利润最大化的需要，科研机构和大学科技创新主要是为了获取科研成果、申报科技奖励，服从于提升组织知名度或加快个人职称职务的需要，从而与国家或政府宏观目标需要和战略目标需要产生差异，进而导致国家或区域整体目标下的科技创新系统失效。所谓科技创新系统失效是指在既定的经济和社会环境下，由于大学、科研机构等专业性创新主体与市场经营主体——企业间科技创新价值取向的非一致

① 曹燕萍.刘雅利.论企业科技创新中"试错"的税收宽容.财经理论与实践，2009(1)：74—78。

性,使三者的科技创新成果转移、转化缺乏动力,科技创新与市场需求脱节、与经济需要脱节的现象在不同程度上客观存在,这种科技创新资源在各市场创新主体间的非优化配置、社会创新链不完整的,为科技创新系统失效或低效。[①]

科技创新系统失效表明,市场对科技创新资源配置存在缺陷,与实现国家或区域政府目标的要求有一定的差距,必须由政府采用政策、计划等多种手段,增强对合适社会科技创新资源的配置,弥补市场失效,使科技创新活动在国家或区域创新体系的总体目标框架引导下展开,使创新的利益在全社会范围内、在各创新主体间达到总量的相对平衡。

3.1.4 促进官产学研的有机结合

由于存在着市场失灵、政府失灵和社会失灵,科技资源配置不能只由一种机制来完成,需要市场、政府与社会的有机结合,充分发挥市场、政府与社会在不同领域的资源配置作用,由政府、企业和非营利组织共同参与创新。

20 世纪 80 年代末,随着人们对经济理论、创新理论研究的不断深入,创新实践的不断发展,特别是日本的国家创新的成功,使越来越多的国家意识到在国家层面,政府、市场与社会有机配合的重要性。科技创新并不是一个孤立的过程,科技创新的相关环节之间及创新主体之间,是相互联系、相互作用和相互学习的,由此,国家创新体系应运而生。

国家创新体系是一个由众多创新行为主体及其互动构成的促进创新的网络体系,其行为主体是政府、企业、高等院校、科研机构及中介机构等等,强调各行为主体间的相互关联、协同共生。在这个网络体系中,政府是政策支持者、导向者及协调者,企业是技术创新的主体,高等院校和科研机构是知识创新的主体以及科技知

[①] 王艳,徐东. 基于公共财政的财政科技投入模式浅析. 科技创业月刊. 2007(11):53。

识供应者和创新源,中介机构为技术转移和扩散提供更多渠道和机会。国家创新体系的主要任务是启发、引进、改造、传播与应用新知识和新技术,配置创新资源,优化产业和组织结构,促进国家层面的创新活动和经济发展。

在国家层面,科技创新活动是由不同创新主体的不同环节的创新活动所组成创新链。(见图 3.1)。

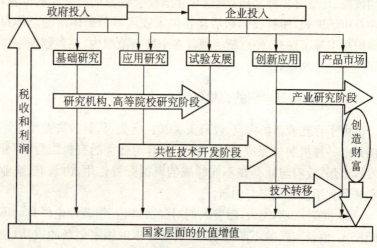

图 3.1　国家层面的创新链循环

首先从资金来源环节看,由于基础研究的公共产品属性,私人不愿对其进行投入,但是基础研究是整个创新活动的基础,因此政府承担了绝大部分的基础研究的投资责任。在应用研究中,共性技术是跨行业、跨产业的交叉技术,能够为多项产品和相关技术的发展提供支持,其高度的效益外溢性也决定了政府必须较多地投入共性技术的研发。而在试验、应用和产品市场各环节,由于具有私人产品特性,可以进入市场由企业和其他机构进行投资。其次从创新过程看,在创新链的前端,高等院校和研究机构等形成的公共科研机构,主要从事基础性的科学理论与技术理论以及应用性的技术研究,较少进行技术和商业化活动;在创新链的末端,企业将创新链前端的技术知识应用到产业领域,从而通过利润实现企业为研发投入的回收和价值增值,并且通过对政府的税收贡献来实现前期高等院校、科研机构等公共科研机构基础研究研发投入的回收和国家层面的价值增值;在创新链的中间,公共科研机构和企业、中介等通过合作研发共性技术或者技术转移,实现科技知识由理论向产业的转换。

由基础性的科技理论研究——理论的产业应用——产业应用产生利润财富——获取利润和税收——投入到新基础性科技理论创新和技术创新的活动,这种活动过程的不断循环,就形成了国家层面的由科技创新产生财富,再由财富产生技术创新的价值增值的良性循环。

建立这种良性循环的必要条件,就是必须建立由政府、企业、高等院校、科研机构、中介机构等通过建设性的相互作用构成网络结构,这种网络结构就是国家创新体系。国家创新体系是由政府、企业、高等院校、研究院所、中介机构等通过建设性地相互作用而构成的复杂机构网络,其主要目标是启发、引进、发行与扩散新技术,创新则是这个系统变化和发展的根本动力。国家创新体系的效率,取决于技术的传播者、生产者、使用者和政府机构之间的功能定位是否恰当,各主体之间的联系是否广泛与密切。因此,国家创新体系是一种把科技植入经济增长过程的制度安排,其目标是形成科学技术知识在整个社会范围内循环流转和应用的良性机制。在国家创新体系中,创新各主体之间相互作用越频繁以及联系的网络结构越完善,知识存量和流动速度在创新链上的流动速度就越快,由技术到财富的速度周期就越短,创新资源的配置效率就越高,整个国家的创新体系的绩效也就越高。

由此可见,政府对产学研合作发挥重要的推动作用。产学研作为创新活动的重要执行主体,彼此间的合作是国家与区域创新体系高效运行的基础。产学研合作有助于研发成果产业化,对于研发活动保持持久的活力以及科技资源整合、信息共享,提升国家或者区域技术研发效率都具有重要价值。

发达国家经验也证明,政府在通过官产学研一体化来构造 R&D 投入的社会化机制中发挥着不可替代的扶持作用。克林顿政府把高新技术产业化作为振兴美国经济的重要手段,提出在 1994 年至 1997 年的 4 年内追加 170 亿美元的科技预算,用于 R&D 投入。由于官产学研一体化的 R&D 投入机制的形成,发达国家 R&D 巨额投入优势业已形成,为发达国家高新技术产业国际竞争力的提高提供了坚实的基础。美国 R&D 支出长期以来居世界首位,美国所具有的研究与开发上的比较优势构造了美国新经济发展的优越基础。美国发明的专利占世界总量的一半左右,而在信息技术、生物技术、医药技术等方面的专利分别占世界的 67%、47% 和 60%。

中国改革开放以后,由于民间机构资源缺乏和企业研究资源弱化,研究开发大都由大学负责,以大学创办企业等各种形态进行学对产的直接支持。1980 年后期,中国政府为积极营造产学合作的环境,进行大学科研体制改革,大学所直接创办的企业急速增多,校办企业成为中国民营科技企业的代表,形成中国式的产学合作。而中国的产学研的合作是在改革开放 20 年的试错经验中建立起来的。"科教兴国"明确了大学和产业界的关系。由 1985 年的《中共中央关于科学技术体制改革的决定》开始的,以北京、上海等沿海大城市为舞台的中国高技术产业的发展,可以说是由产学研合作的活力来支撑的。其中,北京的中关村集中了以清华大学、北京大学、中国科学院为首的 30 多所大学和 200 多家研究机构,以及很多由这些大学、研究机构设立的企业,这些"高新科技园"带动了整体科技产业结构转变,促进了区域创新体系的形成,是促进高新技术产业发展的重要引擎。由于这些大学基本都是公立大学,其研究资金主要来源于政府财政资金,其发展依赖于政府的政策支持,政府为推动产学研之间的合作提供了一个交流与沟通的平台。政府科技投入应该充分重视各个环节的衔接,充分发挥其应有作用。从这个角度来看,政府科技投入的过程对推动微观创新主体之间的合作,提升整体创新绩效也会起到重要作用。

3.1.5 保障国家安全

科技创新活动具有战略性意义,当代国际竞争归根结底是科技实力和创新能力的竞争。在全球化的大背景下,世界各国的竞争日趋激烈,科技竞争日益成为国家间竞争的焦点,科技创新能力成为国家竞争力的决定性因素。一个国家的生存权和发展权不受侵犯是国家发展的基本国策,科学技术水平不仅是一个国家总体经济实力的体现,更是一个国家政治实力及综合实力的体现,是保证国家在生存与发展上的重要武器。科学技术是一个国家综合国力构成中的最活跃、最有影响的因素,对一个国家的经济实力、国防实力、人口因素、精神力量等产生直接影响。美国科学研究发展局主任万尼瓦尔·布什曾在关于战后科学研究计划提交给总统的报告中指出:"无论是和平环境还是战争环境,科学仅仅作为整个队伍中的一员在国民福利事业中起作用。但是如果没有科学的进步,那么,其他方面再多的成就也不能保证我们作为现代世界上一个国家的兴旺、繁荣和安全。"[1] 2004 年,美国国家科技技术委员会在题为《为了 21 世纪的科学》的研究报告中强调:"在保障国家未来的安全、繁荣,提高人民的健康水平和生活质量上,科学是一项关键要素,而且一直是美国国家工作的重点。"布什总统说:"科学技术对国防和经济从未像今天这样不可缺少。"美国科技的首要任务是反恐怖和保卫国家安全,科技成为国家反恐的重要支撑,同时,振兴经济是美国科技的另一重要使命。科学技术直接关系到一个国家在国际上的地位,直接关系到国家外交活动的成效,直接关系到国家的兴旺、繁荣、稳定与安全。特别是 20 世纪以来,现代高科技运用于战争使得技术优势成为最惧威慑的力量,成为现代战争中具有决定性的因素。现实中常常看到,最新高科技往往首先应用到军事领域,反过来,军事上的需要又促进了国防高科技的

---

① 万尼瓦尔·布什. 科学——无止境的前沿. 范岱年等译. 北京:商务印书馆,2004:44。

发展。美国的《科学与国家利益》的报告中就反映出希望通过巩固其在前沿科技的全面领先优势来进一步加强其在全球范围的政治"话语权"。邓小平曾经明确指出："过去也好，今天也好，将来也好，中国必须发展自己的高科技，在世界高科技领域占有一席之地。如果六十年代以来中国没有原子弹、氢弹，没有发射卫星，中国就不能叫有重要影响的大国，就没有现在这样的国际地位。这些东西反映一个民族的能力，也是一个民族、一个国家兴旺发达的标志。"①江泽民对此作了丰富和发展，指出："世界范围的经济竞争、综合国力竞争，在很大程度上表现为科学技术的竞争。科学技术长期落后的国家和民族，不可能繁荣昌盛，不可能自立于世界民族之林。"②

　　21世纪，国际间的科技竞争越来越激烈，科技的进步和创新愈加成为增强国家综合实力的主要途径和方式，依靠科学技术推动经济发展、保障国家安全日益成为各国的战略选择。胡锦涛在中国科学院第十二次院士大会的讲话中指出："进入新世纪以来，国际形势继续发生深刻而复杂的变化，世界多极化和经济全球化的趋势在曲折中发展，我们既面临着必须紧紧抓住的发展机遇，也面临着必须认真应对的严峻挑战。这种机遇和挑战并存的情况，不仅表现在经济、政治、文化等领域，也突出地表现在科学技术领域。……科学技术是经济发展的一个重要基础资源，是引领未来发展的主导力量。"中国作为最大的发展中国家，必须依靠科技进步，增强综合国力，提高国际影响力，推动建设持久和平、共同繁荣的和谐世界。

　　总之，为了弥补市场的缺陷，政府必须介入科技投入，但是政府介入并不意味着要投入到所有的领域。虽然科技产品都具有一定程度的公共性质，但程度有大小之别，政府应该投入到那些外溢性更强的基础研究和共性技术领域。而那些竞争性比较强或者企

业保护成本比较低的领域,企业具有较强的投入动力,不需要政府过多投入。如果政府过多干预可能会产生替代性作用,也不利于企业之间的公平竞争。为了弥补市场失灵,政府科技投入一般重点投向公共研发平台如公共实验室的建设,以及数据资源共享系统或其他科技基础设施,在具体领域选择上侧重环境保护、医疗、农业等公益性高以及涉及国防等公益或者战略性科学技术领域的研发活动。

3.2 科技资金投入主体及政府科技投入体系

资金投入是科技创新的动力和源泉,资金投入的数量和使用效果直接影响着科技创新能力,进而影响到经济发展和社会进步。没有雄厚的资金保障,创新难以实现。Standeven(1993)经过研究发现:"技术创新中的产品研发和市场扩散所需要的投入往往是10—20倍的初始的研发投入。"[①]

3.2.1 科技资金投入主体及配置

现代经济是混合经济,需要政府机制、市场机制与社会机制的有机配合,通过拥有不同的运行主体,在不同的领域中运行,提供不同类型的科技产品,才能更好地促进科技创新,满足社会经济发展的需要。新型的社会经济资源配置机制应是由政府机制、市场机制与社会机制共同组成的有机体。见图3.2。

科技资金投入主体及配置主要分为三种类型:一是政策性资金,主要来自政府。政策性资金主要发挥政策引导、协调和控制功能。投向企业、高等院校、科研院所等组织;二是市场性资金,来自企业和各类金融、风险机构,在国家创新体系下,企业资金是从事

---

① Standeven, p. Financing the early satage technology firm in the 1990s, an international perspective. Unpublished Discussion paper, Six country proggramme, 1993.

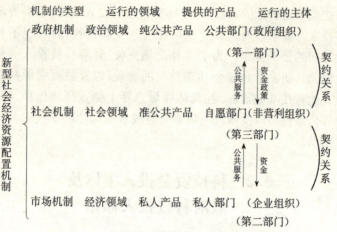

图 3.2　政府、市场与社会机制的有机配合

资料来源:王敏.政府财政教育支出绩效评价研究,北京:经济科学出版社,2008.71。

具体创新活动的主要资金,投向企业内部,或者产学研结合领域,金融风险资金则主要为企业的技术创新提供启动型、融资型和风险型资金,同时金融风险机构也获得了投资回报;三是社会性资金,主要来自高等院校、科研院所和社会各类非营利组织。这些资金主要用来支持和发展科技创新活动。科技创新资金还包括企业的研发资金、大学创新资金、金融风险资金、社会团体和私人资金等都共同为科技创新活动提供资金支持。

　　理论与实践表明,政府和企业是科技投入的主渠道。莫燕(2003)根据不同主体在 R&D 投入中所占比重的不同,将 R&D 投入来源结构分为政府主导型、政府企业双主导型和企业主导型 3种类型。张缨(2005)认为科技投入模式与国家经济发展水平,特别是工业化发展阶段有着密切的关联,并随着工业化发展阶段的演化而变化。一般而言,在工业化第一阶段和第二阶段的前期政府投入占绝对主导地位;工业化第二阶段的中后期,出现政府小于企业投入比例的转折点,逐步形成政府企业双主导型格局;工业化后期,政府 R&D 投入比例明显下降,R&D 投入来源结构过渡到企业主导型模式。隋鑫、樊一阳(2008)认为 80 年代末我国科技投入的渠道开始向多元化发展,出现了从政府主导向政府企业双主导并更倾向于企业的趋势。

联合国科教文组织出版的《科学应用于发展》中指出,在工业化的第一阶段,政府在科技资金投入中起主导作用,它对科技创新起到了非常重要的推动作用;在工业化的第二阶段,逐步过渡到政府企业双主导型,并将最终过渡到企业主导型。李应博(2009)构建了创新资金分布图(见图 3.3)可以看出,A 区包含了企业资金、金融资金和政府资金。这三类资金是创新资金的重要组成部分。其中,由于企业是技术创新的主体,因此企业资金应是主体型资金;政府资金是引导型资金,应在时间维度上体现出引导性;金融资金是造血型资金;风险资金是启动型资金,是处于 A 区边界的资金。我们认为,当前中国的配置状况属于 B 区(阴影区),企业资金不足,引导型资金占有相当比例,金融资金和风险资金没有跟进,而社团和私人资金就少之又少。[①]

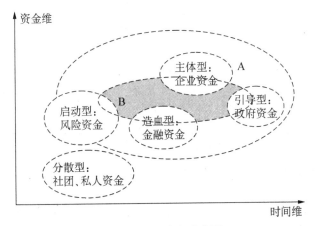

图 3.3　创新资金分布图

资料来源:李应博.科技创新资源配置,北京:经济科学出版社,2009.22。

---

① 李应博.科技创新资源配置.北京:经济科学出版社,2009:21。

3.2.2 政府科技投入的内涵与性质

在科技投入中，政府科技投入是重要的组成部分，是引导社会科技资源优化配置，推进国家战略加快实施的重要手段，是体现政府对科技活动重视程度的重要指标，它在资源配置、组织调控上具有主导性和引导性的双重作用。政府科技投入除了作为重要的投入来源之外，还是科技资金的引导者，因此，政府科技投入对于整个科技投入的意义重大，是其他科技投入所不能替代的。

1）内涵

我国科技投入的渠道和形式较为复杂，统计口径也不尽一致。因此，有必要界定政府科技投入的基本内涵。在一般意义上，政府科技投入就是指财政科技投入。财政科技投入分为两种形式：一种是直接拨款，即国家财政预算内安排的用于科学技术活动的各项投入（教育事业费不在其内）；另一种是间接投入，包括如税收优惠、政府采购、贷款担保等所有能够促进科技发展的政府政策工具。通过税收优惠等形式所形成的财政科技投入，目前没有一个权威规范的统计结果。因此，本书讨论政府科技投入，主要以财政科技投入中的财政直接拨款为准。2007 年以前，我国的政府科技投入包括科学事业费、科技三项费、科研基建费及其他科研事业费，2007 年进行的政府收支分类体系改革后，政府科技投入包括科学技术管理事务、基础研究、应用研究、技术研究与开发、科技条件与服务、社会科学、科学技术普及、科技交流与合作、科技重大专项和其他科学技术支出十大方面的内容。

2）性质

政府科技投入与市场科技投入在目标、领域、对象及资金来源及效益的评估标准方面有很大的不同，主要表现在：

（1）投入目的不同。政府科技投入是公共支出的重要表现形式，是政府履行社会公共职能，弥补市场缺陷，促进科技创新及科技发展的一种重要方式，其根本目的是为了社会公共利益和国家利益，不主要为了营利；而市场科技投入代表私人利益，其目的在于提高劳动生产效率,较多地考虑投资的经济效益。

(2) 投入范围不同。政府科技投入主要界定在市场失灵的范围内,即公益性、非竞争性的研究项目,以及自然垄断行业、基础产业、高科技产业、农业等领域,往往对公众生活产生广泛性和根本性的影响,其科技成果的转化具有重大社会意义;而市场科技投入主要在产品市场和竞争性较强的技术开发与应用项目,以及市场化程度较高、投资期短、收益快的产业项目。

(3) 投入对象不同。政府科技投入的目的是为了弥补市场缺陷及促进科技进步,投入对象主要是国家科研院所,高校及中小企业;而市场科技投入对象主要是自己的经济组织或是委托的特定研究机构,其目的在于获得具有市场竞争力的应用技术。

(4) 投入资金来源不同。政府科技投入的资金来源主要为财政拨款,来自于国家税收收入和国有资产收益。而市场对科技投入的资金主要来自于自有资金及各种社会筹资。

(5) 投入效益评估标准不同。政府科技投入体现政府的职能,以社会福利最大化为目标,注重社会效益的获得,往往通过整个社会科技进步和经济发展水平表现出来。而市场科技投入的目的是要通过提高企业科技含量追求利润最大化,因此,企业对其科技投入效益评估的最重要标准是该投入能否为企业带来更大的利润。

3.2.3 政府科技投入体系

政府科技投入体系包括投入原则、投入领域、投入秩序、中央与地方权限、投入方式和投入规模与结构等内容,见图3.4。

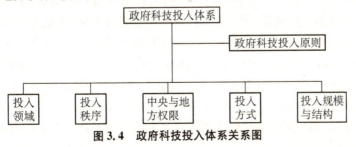

图3.4 政府科技投入体系关系图

1）政府科技投入原则

（1）公共性原则。公共性原则是公共财政资源配置的首要原则。政府支持的领域应当是科技公共产品领域，而具有私人性质的技术产品应当由市场提供。政府科技投入首先要确保公共科技领域的资金供给，主要是基础研究、应用基础研究、公益研究和其他非经营、非竞争、非赢利性的资金的供给，逐步取消应用研究、开发研究等竞争性、赢利性的科研投入。

（2）效率原则。市场经济条件下，政府科技投入是为了纠正市场、系统和制度失灵所造成的效率干扰和效率损失。具体来说就是提供充足的科技创新产品，弥补私人市场因外部性、公共性、不确定性等原因造成的科技产品的供给不足，为企业提供有利于公平竞争的环境，消除影响市场效率的垄断行为等。同时，一个国家在一个时期的财政资源是有限的，必须遵循效率原则，以最小的财政资源投入实现最大的效益，达到"帕累托效率"。

（3）导向原则。政府作为科技政策的制定者，是科技政策的"坐向标"。政府科技投入作为科技投入的引导者，拥有更多的政策信息、制度信息和市场信息等使得资金投资的方向性和主动性更加明确，政府科技投入对其他主体的科技投入具有重要的方向引导、信心培育和目标锁定等作用。

2）政府科技投入领域与秩序

政府在进行公共科技决策时必须考虑的重要问题就是政府投入科技领域的范围和程度，合理安排政府科技投入的预算，最大限度地发挥其应有的作用。根据公共财政的公共性原则，政府主要参与公共产品性质的科技活动。同时政府参与科技活动，不是追求本身的直接利益，而是实现社会整体效益最大化；不是为了眼前的短期效益，而是为了带动社会经济长期发展。因此，很多国家把科技创新与发展作为国家重要战略，不同的国家有不同的战略目标及领域，其政府科技投入的领域也不尽相同。艾达斯（Eads）和内尔森（Nelson，1971）讨论美国经验时指出，政府的开支虽然是很重要的，但应集中在供给应用研究及早期的试验性开发工作，而国家实验室和国家财政经费最起作用的领域是在基础研究和启动技术方面。[①]

即使是同一个国家,不同的历史时期其政府科技投入的重点也不相同。操龙灿、杨善林(2005)把科技创新分为基础研究、产业共性技术研究、企业专有技术研究三个方面,并从不同的方面进行了比较,见表3.5。

表 3.5　科技创新的几个层次比较

比较对象	基础研究	产业共性技术研究	企业专有技术研究
创新主体	高校和国家科研院所	政府主导的官产学研结合体	企业
创新目的	国家利益	兼顾国家、地区和企业利益	企业利益
创新的经济属性	公共产品	介于公共产品和私人产品之间	私人产品
创新内容和创新特点	原始性创新	在基础研究基础上的技术创新、集成创新	技术创新
创新作用	从根本上提高国家科技能力,为产业共性技术和企业专用技术研究奠定基础	提高产业技术水平,增强产业竞争力,为企业技术创新提供技术平台	提高企业技术水平,增强企业竞争力

资料来源:操龙灿、杨善林.产业共性技术创新体系建设的研究.中国软科学,2005.11。

王艳、徐东(2007)提出我国新形势下的财政科技投入应满足公共性支出需要,逐步退出竞争性、服务性领域,按照WTO《补贴与反补贴措施协议》规定,财政科技投入应定位在基础研究、原始

[①] Edas, G. and Nelson, R. R. Government support of advanced civilian technology. Public Polocy, 1971(11):19.

性创新、世界前沿的共性技术创新和高新技术产业关键的范围，逐步退出对技术成果的产业化、工业化、商品化等属于企业行为的资金投入。

根据科技产品的公共品属性的强弱，结合中国国家战略及发展的需要，本书认为政府科技投入一般应主要投资于以下领域：

（1）基础研究。基础研究的产出无法通过申请专利而获得专利产权，任何人都可以免费使用该类产品，其带来的利益能够完全外溢，不仅能使企业受益，而且能够为全社会带来福利，基本上属于纯公共产品。

基础研究是创新的基础，是创新的源泉。基础研究的重大突破，往往会对科学技术的创新、高新技术产业的形成产生巨大的、不可估量的推动作用。国外学者对研发活动各部分之间功能和关系进行了有益的探索。英国苏塞克斯大学科技政策研究所，提出了基础研究对产业界获得经济效益的六种益处：a)增加有用知识的存量；b)为产业界提供新的设备、方法和手段；c)提供技能培训和训练有素的人才；d)提供产业界与专家网络和信息网络的接触；e)解决产业界遇到的复杂的技术问题；f)由于外溢效应而产生新公司。① 研发活动的各个部分之间存在互相联系的机制，基础研究能为应用研究和实验开发提供更多的解决路径，开拓更多的活动空间和领域。

曼斯菲尔德（E. Mansfield，1991）首次采用定量方法，研究基础研究与技术创新的关系，取得了重要的研究成果。他对 1975—1985 年期间美国企业的研究表明：如果没有基础研究，样本企业的新产品和新工艺中分别有 11％和 9％不可能被开发出来；某些新产品和新工艺的开发得到了基础研究的重大援助，如果没有基础研究，新产品的销售额会损失 2.1％，新工艺的销售额会损失 1.6％；根据基础研究投资的总额和新产品新工艺的收益总额，计算出基

---

① Dominique Guellec &·Bruno Van Pottlesberghe, The Impact of Public R&·D Expenditure on Business R&·D, DECD Working Paper. 2000.

础研究的投资收益率是 28％。曼斯菲尔德于 1998 年又进行了后续研究,对 1986—1994 年期间美国企业的研究表明:基础研究对于工业活动的重要性在不断提高;如果没有基础研究,15％的新产品和 11％的新工艺就不会开发出来;没有基础研究就不可能出现的创新,占总销售额的 50％;基础研究成果到工业应用的时间间隔,从 7 年下降到 6 年。① 从曼斯菲尔德研究中,可以看出基础研究对于技术创新的重要意义。

由于基础研究的公共产品属性及与之相关的外部性、连续性、长效性、模糊性、风险性等特征,被认为不能够直接引导产业技术的发展,产业投资者无法分享其好处,不能直接获取经济效益,一般企业不愿进行投资,从而成为市场失效的领域,需要政府承担起资助基础研究的责任。近年来基于基础研究对于自主创新的作用再次受到国际上创新型国家的重视,在各国政府 R&D 经费投入中,基础研究占政府 R&D 经费的比重基本保持在 10％以上的水平。即使像日本、韩国这样以技术应用和技术引进为发端的国家,也开始重视基础研究,加大政府资助,把自主创新作为国家科技战略的重点内容。

(2)应用研究中的共性技术研究。应用研究指为获得新知识进行的创造性研究,主要针对某一特定的目的或目标。应用研究是为了确定基础研究成果可能的用途,或为达到预定的目标探索应采取的新方法或新途径,用来反映对基础研究成果应用途径的探索。共性技术研究介于基础研究和应用开发研究之间,常是多产业部门所共同包含的关联技术,其特点是共用性、外部性、基础性和关联性。共性技术是跨行业、跨产业的交叉技术,能够为多项产品和相关技术的发展提供支持。1990 年美国总统布什的政府报告对共性技术下了如下定义:"共性技术是存在潜在的机会,可以应用于多个产业的产品或工艺的科学事实,这种科学事实在这里

---

① Mansfidel, Edwin, et al., Academic research and industrial innovation. Research Policy. 1991.

体现为科学概念、技术组成、产品工艺以及科学调查。"①共性技术的表现形式较为抽象，部分成果无法获得专利取得产权，具有较强的外溢性，企业缺少对共性技术投入的动力，全社会对共性技术投入不足。学者们往往把共性技术归于准公共产品，类似于布坎南所称的俱乐部产品。

（3）战略技术与战略产品研究。由于战略技术和战略产品对一个国家经济社会发展的重要性和对国家安全的独特作用，不论是发达国家，还是发展中国家，都把其放在政府科技投入的重要地位。如新能源、新材料、基因、纳米等领域的技术创新，往往具有战略导向性，其社会收益往往远大于私人收益，政府应该促进这些领域的创新活动。一个国家的政府科技投入，不仅要为长远的政治、经济和军事提供支撑条件，而且要突出重点，强化集成。所以，在很多国家的政府科技投入分布中，有关战略技术或战略产品的投入，常占到整个政府科技投入的很大部分。

（4）科技基础设施。科技基础设施是提升全社会"共同生产条件"和"共同流通条件"水平的支撑手段，是基础研究、共性技术研究、基础技术研究和公共适用技术研究的保障，是一个经济体未来竞争力的基础，也是一个政治体制未来安全的保障条件。特别是进入信息化时代之后，科学技术基础设施的重要性日益明显。国家与国家之间经济发展的差距，已经不再由一般资源的占有量和一般基础设施建设规模决定，而更多地取决于对科学技术资源的开发和利用能力。科技基础设施包括科学基础设施和技术基础设施。技术基础设施包括共性技术基础设施、基础技术基础设施和公共适用技术基础设施。这些作为科学研究必备条件的科研基础设施建设也因为其投入资金数目巨大，建设周期长、无法直接产生经济效益，成为市场失灵的范畴，需要政府投资。

（5）社会公益科技研究。公益科技产品供给，是科技投入要达

---

①　柳御林. 21 世纪的中国技术创新系统. 北京：北京大学出版社, 2000。

到的一个重要目标。贝尔纳在《科学的社会功能》一书中指出："科学的功能便是普遍造福于人类。科学既是人类智慧的最高贵的成果,又是最有希望的物质福利的源泉。"科技投入要造福人民,惠及大众,还需要提供足够的公益科技产品供给。公益产品涵盖的范围很广,包括科学普及、公共卫生体系建设、环境安全、社会弱势群体的技术援助等。

3) 中央与地方政府科技投入职能界定

从经典的财政体制发展历史和现状看,不同层次的政府行使的公共财政职能不完全相同,中央政府的公共财政职能应限于提供全国性的公共产品和进行宏观经济调控,而地方政府的公共财政职能主要是提供地方性的公共产品和公共服务及促进地方竞争力的提升。因为经由地方供给某些公共产品往往能够更好地满足当地的消费偏好,并依据要素秉赋实现差异化的竞争和产业格局。

财政理论往往根据公共产品的层次性将公共产品划分为全国性公共产品和地方性公共产品,根据"谁受益,谁付费"的原则,相应的决定了各级政府部门的支出责任。斯蒂格勒(Stigler, 1957)、特里西(Tresch, 1981)和奥茨(Oates, 1972)详细论证了地方政府相对中央政府所具有的比较优势,认为高层次地方政府提供受益范围大的公共产品,低层次地方政府提供受益范围小的公共产品具有信息优势,因此政府应划分为中央政府和地方政府;布雷顿(Breton, 1965)、布坎南(Buchanan, 1965)和马斯格雷夫(Musgrave, 1989)根据公共产品的固有属性,通过成本效益分析,论证了政府公共支出规模的适度性。

从公共经济学的角度看,中央政府向社会提供全国性公共产品,既符合效率原则,又符合公平原则。因此,中央政府应是全国性公共产品供给制度的组织者、供应者,在全国范围内分担公共产品的生产成本,并决定全国性公共产品的具体供给方式;而地方性的公共产品,地方政府与中央政府相比更能理解居民的偏好,对地方的情况更加熟悉,因此,当中央政府与地方政府对该种公共产品的提供具有相同成本或成本相差不大时,地方性公共产品更适合于地方政府提供。从制度经济学角度看，由中央政府集中提供全国性公共产品的制度安排可以降低交易成本，是有效率的，由地方政府提供地方性的公共产品也是有效的。目前，中国地方财政支出占总财政支出的比重已达 70％以上。

在科技政策的制定与实施中，中央政府从全局出发，把握科技发展的政策取向，制定科技发展政策的总体规划和宏观政策，构建科技发展资源配置的基础平台，协调全国各地政府部门和社会各界共同参与科技活动。地方政府则认真贯彻落实国家的各项科技政策，从本地区的实际出发，制定符合本地区发展的地方科技政策，加强地区科技创新能力的培养和建设。中央政府和地方政府的整体目标是一致的，但由于中央政府和地方政府的事权与财权划分以及责任和利益的不同，中央政府与地方政府在促进科技发展中发挥的作用以及支持科技创新的有关政策措施的目标、方式有所不同，有时会产生"政策博弈"。中央政府需要采取措施调动地方促进科技发展的积极性，促使地方科技政策目标及措施与中央的保持一致。同时，地方政府在利用自身财力促进科技发展的同时，力争使国家财政转移支付向本地区倾斜，在重大科技项目、战略技术及高技术方面得到国家更多的支持，采取更多的财税优惠政策引导科技成果在本地区转化、产业化，从而促进本地区经济社会发展，提高科技竞争力。因此，在政府科技资金配置的过程中，如何优化中央和地方的配置职能，形成"上下协动"的政府科技资金配置结构至关重要。

中央与地方政府科技投入的界定，重在划分中央与地方科技投入的责任及范围。应明确科技公共产品的受益范围，根据公共产品的层次性原则，不同的公共产品受益范围不同。受益范围大的科技公共产品可以覆盖全国，比如基础研究、共性技术研究、战略技术与产品的研究等，受益范围小的科技公共产品往往只涉及个别领域。从受益范围覆盖全国到受益范围在某个领域的公共产品体系中存在众多受益范围大小不等的科技公共产品，由基础研究——共性技术——专有技术——实验发展——产品市场，其公共性依次递减,受益范围也逐渐缩小。(见图 3.5)。我们把这些科技公共产品进行归类:一类是受益范围局限在中央政府辖区内的科技公共产品;另一类是受益范围局限在地方政府辖区内的科技公共产品。根据财政的公平与效率原则,中央政府应生产、提供全国范围内的科技公共产品,而地方政府应生产、提供地方范围内的科技公共产品。

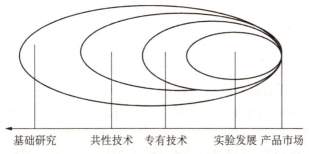

基础研究　　共性技术　专有技术　　实验发展 产品市场

图 3.5　科技公共产品受益范围的层次性

　　基础研究因其溢出的范围为全社会,是中央政府财政投入的重点。地方政府科技投入倾向于外溢范围较小、容易排他的共性技术和能够通过专利等制度排他的专有技术方面,一般都限定在当地具有优势或特色的相关支柱产业技术研发上,当地政府与企业能够从这些研发中获得大多数利益。但是地方财政投入也支持基础研究,有时基础研究带来的收益不能完全为全社会平等占有,地方可以获得基础研究的人力资本积累随距离而递减的其他外部收益(如文化、人力资本总量、声望等),这些因素为基础研究的地方财政投入提供了激励。

4 中国政府科技投入的经验研究

从"向科学进军"到"科学技术是第一生产力",从"科教兴国"再到"创新型国家"战略,中国不断提升科技理念与战略。中国政府越来越重视对科技的支持,但是,时代也赋予了更加艰巨的任务。中国在《国家中长期科学和技术发展规划纲要(2006—2020年)》中提出了到 2020 年建设创新型国家的四个指标:全社会研究开发投入占国内生产总值的比重提高到 2.5% 以上,力争科技进步贡献率达到 60% 以上,对外技术依存度降低到 30% 以下,本国人发明专利年度授权量和国际科学论文被引用数均进入世界前 5 位。[1]据专家测算,到 2020 年以前,全社会研究开发投入的年均增速应为 12%,才能保证到 2020 年时占 GDP 的 2.5%;当前的技术进步贡献率约为 25% 左右;对外技术依存度为 60% 左右;本国人发明专利年度授权量目前占第 6 位,但按人均仅为世界平均水平的 0.7,发达国家的 0.41 左右;国际科学论文被引用数篇均仅为国际水平(8 次)的一半左右。[2] 由此可见,从国际的标准和我国自己提出的目标来看,建设创新型国家都是一项十分艰巨的任务。

创新型国家的建设离不开政府的支持,深入分析中国政府对科技发展的支持力度,找出现实中存在的问题,对于今后政府科技投入政策的制定有着重要意义。

---

[1] 国家中长期科学和技术发展规划纲要(2006—2020)。
[2] 成思危. 论创新型国家的建设. 中国软科学. 2009(12)。

4.1 投入目标

4.1.1 国外政府科技投入目标及经验借鉴

政府投入科技的目标是指政府通过实施公共政策所要达到的最终目的。科学技术的决定性作用已被创新型国家的现实发展所证实,当前世界很多国家都将政府科技投入的目标与国家发展战略紧密结合,将科技投入的目标纳入国家科技规划(计划)中。科技规划(计划)是指导国家科技发展的重要纲领,是实现国家科技发展目标的关键途径,是解决国家发展重大科技问题的重要措施。在科技创新日益成为经济社会发展的首要推动力量的背景下,世界各国尤其是发达国家纷纷把推动科技创新作为国家战略,通过制定和实施各种科技规划,明确科技投入目标,大幅度提高科技投入。

1) 不同国家的政府科技投入目标

(1) 美国的政府科技投入目标。美国目前的科技发展战略主要包括促进科学研究、投资技术创新、保障国家安全、保护环境、改善健康、培养人才 6 个方面。美国作为世界上科技发展水平最高的国家,一直重视制定科技发展计划,明确科技发展目标,先后在各个专业领域推出了多项发展战略或计划,并广泛吸收产业界、大学、独立研究机构和非营利机构参与。美国的科技规划众多,其政府科技投入政策目标范围也非常广泛,几乎涵盖了所有领域,在《技术与美国经济增长》(1993)和《科学与国家利益》(1994)政府文件中,美国政府提出的科技投入具体概括为五个方面:①保持在所有科学知识前沿的领先地位;②增进基础研究与国家目标之间的联系;③鼓励合作伙伴以推动对基础科学和工程学的投资以及有效地利用物力资源、人力资源和财力资源;④造就 21 世纪的最优秀的科学家和工程师;⑤提高全体美国人的科学和技术素养。[①]与此相适应,美国政府确定了政府科技投入的指导思想:为使美国继续走在创新的前沿,国家必须努力保持甚至提高现有的政府科技投入水平。美国政府的支持取得了较大的成效,据美国国家科学基金会(NSF)的报告显示,在基础科学领域美国一直保持较显著的领先优势,美国科学家发表的科学论文数量占全球总数的35%,反映论文质量的论文引用数和重复引用数分别占全球总数的49%和63%。近年诺贝尔奖获得者中美国科学家的比例居各国之首,集中反映了美国在延揽顶尖科学家方面的突出优势。

(2)英国的政府科技投入目标。英国作为工业革命的发源地,一直非常重视对科技的支持。英国在发布的《英国10年(2004—2014)科学和创新投入框架》报告中指出:国家只有保持强大的高技术和知识能力,培养最优秀的人才和企业,通过创新将国家潜力转变为现实生产力,才能在高度激烈的全球化竞争中立于不败之地。因此,英国确定的政府科技投入目标是:①将英国的研究中心建设成为世界最优秀的研究中心,保持英国在生产能力方面的领先地位;②加大公共研究机构对经济需求和公共服务的反馈能力;③提高高等学校和研究机构知识转移和产业化的能力;④为培养一流的科学家,工程师和技术人员提供强有力的支持;⑤为英国一流大学和国家实验室提供持续不断的财政支持,为保持大学和国家实验室的先进研究能力,持续提供研究经费。

(3)德国的政府科技投入目标。1997年的《提高德国工业技术能力》报告提出,要不断完善德国的技术创新体系。由于德国经历了分裂和统一,因此其政府科技投入目标带有显著的时代特征。目前德国政府的科技投入目标主要集中在四个方面:第一,原始创新的目标;第二,全国均衡发展的目标;第三,基础事业方面高技术领先的目标;第四,尖端民用技术目标。

---

① 威廉·J.克林顿,小阿尔伯特·戈尔.科学与国家利益.北京:科学文献出版社,1999。

（4）韩国政府科技投入目标。经历了亚洲金融风暴之痛后,韩国政府深刻认识到依靠技术引进发展经济的弊端,坚决地摒弃单纯依靠资本投入的增长模式,实行自主创新的经济增长战略。为配合国家战略的转变,韩国在其《长期科技发展规划——2025年构想》中提出了大幅度增加科技投入战略及其产出的目标。主要包括:一是科技发展战略由以往的跟踪模仿向自主创新转变;二是国家研究开发管理体制由部门分散型向整合型转变;三是科研开发由强调增加投入和扩张研究领域转向提高研究质量和强化科研成果;四是国家研究开发体系引入竞争机制,由政府资助研究机构为主体向产学研相结合为主体。

（5）新加坡政府科技投入目标。作为一个中等发达小国,新加坡的科技投入目标比较单一,并不追求全面的科技发展,而是集中在应用科学研究、产业核心技术研究以及国家安全、人民科学素养提高等领域,特别在与经济增长相关的科技创新领域。

（6）印度政府科技投入目标。大的发展中国家要准确确定其科技投入目标通常比较困难。这是因为:一是发展中大国面临的问题比发达国家大国多,但限于能力又必须量力而行。二是发展中大国很难把自己的科技发展战略融合在其他国家的科技投入目标之中,需要有自己独立的科技投入目标。三是发展中大国往往处于二元经济结构,经济发展结构脆弱,常常发生波动,政府很难有一个稳定的预期。四是国民的科技素养水平普遍不高,不利于科技创新。但并不是说这样的国家,就不能有相对稳定的科技投入目标,印度较明确地确定了科技投入目标。

印度的科技投入目标主要涉及三个方面:①保持印度在国家安全领域的区域性技术领先地位;②为创造财富提供足够的公共技术支持;③提高国民的科学和技术素养。

（7）巴西政府科技投入目标。巴西是拉美国家中经济和科技发展水平比较高、增长速度比较快的国家,但其科技投入目标还保持着浓厚的发展中大国的特色。具体包括:第一,确立导向性基础研究领域并加大对这些领域的投入。第二,优先行业倾斜政策。

政府科技投入主要用于信息技术、电力、水资源、基础设施、航天航空等。

2）国外政府科技投入目标的经验借鉴

当然，由于不同发展程度的国家所面临的科学技术问题差别很大，所以不同国家的科技投入目标存在很大差异，以美国为代表的科技大国的目标往往是多元化、全方位的；小国的科技投入目标往往是单一的，如新加坡；发展中国家及新兴国家的科技目标往往以跟踪、模仿为主，如过去的韩国；还有一些国家强调自主创新，如一些发展中国家。但是，从以上论述可以看出，各国都将提高政府公共服务水平，发展基础研究和高科技，培育科技创新人才，促进国家经济增长作为政府科技投入的基本目标。

（1）政府科技投入目标强调本国方略。大部分国家的科技投入目标都带有本国社会发展色彩，作为一个科技大国，美国注重全面领先，德国强调尖端技术，日本、韩国大力发展产业共性技术，印度和巴西作为发展中国家，强调局部领先等等。总之，发达国家的政府科技投入更注重提升或保持其在科学领域的世界领先地位；发展中国家如印度，政府科技投入目标更多的是体现在应用科学研究、产业核心技术研究以及国家安全、人民科学素养提高等领域。

（2）政府科技投入目标全面综合。从世界各国所界定的科技投入目标看，一定时期一国的科技投入目标往往是多元化的，带有经济的、政治的、安全的色彩，甚至某些政治家偏好。通常大国且经济发达的国家，科技投入目标完整全面，甚至是全方位覆盖；不发达的小国通常科技投入目标比较单一，只局限在一个方面；中等发达国家的科技投入目标则更多集中在经济增长和社会进步上；不发达的大国的科技投入目标较为复杂，不同的国家根据其国情具体制定。

（3）重视基础研究与国家目标之间的联系，加大基础研究的投入。美国1994年的《科学与国家利益》文件，首次明确地提出要赋予科学发展以国家利益为目标，尤其是对基础研究。这项政策体现了基础研究的四大功能:认识功能、社会功能、教育功能和文化功能。美国这些政策的出台,不仅受到了美国科学界和社会的高度评价,而且引起了共鸣。许多国家相继出台了相关政策,明确或强化基础研究的国家目标。由于各国国情不同,这些政策的具体内容各不相同,但大多表现为政府根据本国经济发展需要明确基础研究重点发展领域,并通过相关的科技计划予以执行。同时,这项政策实际上对基础研究评价给出了一套明确的基本价值评判体系,即政府在既定的资源约束下,决定科技资源如何在不同科研项目之间的配置,应以上述四项功能的实现程度作为评价的基本标准之一。

从经济发展方面比较,我国大体介于印度和巴西之间,这两国的科技投入目标对我国具有借鉴意义;韩国和新加坡的科技投入目标对调整我国科技政策有直接的借鉴价值;德国等发达国家其科技投入目标对于我国具有前瞻性参考;美国是世界上科技投入最大、研究能力最强的国家,其科技投入目标势必影响着我国未来科技发展的走向和科技投入部署。

4.1.2 中国科技发展目标

中国的科技发展目标表现在国家一些科技文件中。在1956—1967年《科学技术发展远景规划纲要(修正草案)》中,没有具体提出科技发展的目标,而是凝练了57项重点任务,在这些重点任务中又确定了12项重点。[①] 在《1963—1972年科学技术发展规划》中,则比较详细地提出了科技发展目标。这些目标包括:①为农业增产提供各方面的科学技术成果,系统地解决实现农业技术改革中的科学技术问题;②重点掌握60年代工业科学技术,为建立一个完整的现代工业体系,为发展新兴工业、提高现有工业的技术水平,提供科学技术成果;③切实保证国防尖端技术的初步过关;

---

① 1956—1967年科学技术发展远景规划纲要。

④加强我国资源的综合考察，加强资源的保护和综合利用的研究，为国家建设提供必要的资源根据；⑤在保护和增进人民健康、防治主要疾病和计划生育等方面的重要科学技术问题上，做出显著成绩；⑥加速发展基础科学和技术科学，充实科学理论的储备，加强科学调查和实验资料的积累，建立和加强重要的和空白薄弱的部门；⑦大力培养人才，充实现代化实验装备，在各个重要的科学技术领域，形成研究中心，建立一支能够独立解决我国建设中科学技术问题的、又红又专的科学技术队伍。①

在《1986—2000 年科学技术发展规划》中，第一次把中国科学技术的奋斗目标定位在"为本世纪末工农业总产值翻两番做贡献"，包括到 2000 年使中国的技术水平达到发达国家 20 世纪 70 年代末到 80 年代初的水平，在生命科学、生态及环境保护、文化教育、社会福利及其他第三产业方面，科学技术将发挥显著作用，使中国经济建立在更先进的技术基础上，逐步形成新型的产业结构。② 此次对科技发展目标的界定，对后续的科技投入安排，特别是国家科技投入的安排起到非常重要的指导作用。

2006 年，国务院发布《国家中长期科学和技术发展规划纲要（2006—2020 年）》提出，到 2020 年，我国科学技术发展的总体目标是：自主创新能力显著增强，科技促进经济社会发展和保障国家安全的能力显著增强，为全面建设小康社会提供强有力的支撑；基础科学和前沿技术研究综合实力显著增强，取得一批在世界具有重大影响的科学技术成果，进入创新型国家行列，为在本世纪中叶成为世界科技强国奠定基础。③

经过 15 年的努力，在我国科学技术的若干重要方面实现以下目标：一是掌握一批事关国家竞争力的装备制造业和信息产业核心技术；二是农业科技整体实力进入世界前列；三是能源开发、节

---

① 1963—1972 年科学技术发展规划。
② 1986—2000 年科学技术发展规划。
③ 国家中长期科学和技术发展规划纲要（2006—2020）。

能技术和清洁能源技术取得突破,主要工业产品单位能耗指标达到或接近世界先进水平;四是在重点行业和重点城市建立循环经济的技术发展模式;五是重大疾病防治水平显著提高,新药创制和关键医疗器械研制取得突破,具备产业发展的技术能力;六是国防科技基本满足现代武器装备自主研制和信息化建设的需要,为维护国家安全提供保障。七是涌现出一批具有世界水平的科学家和研究团队,信息、生物、材料和航天等领域的前沿技术达到世界先进水平;八是建成若干世界一流的科研院所和大学以及具有国际竞争力的企业研究开发机构,形成比较完善的中国特色国家创新体系。[①]

预计到 2030 年前后,我国科学技术现代化将会取得显著成效,科技整体水平达到世界科技强国的中等水平,自主创新能力和科技竞争力将大幅增强;到 2050 年前后,全面实现科学技术现代化,国家创新体系结构合理、功能完善、运转高效,科技创新能力居于世界强国前列,为中国成为世界中等发达国家,实现经济和社会的可持续发展奠定坚实基础。

4.1.3 中国政府科技投入目标的确立

中国属于发展中国家,科技领域面临的问题比发达国家多,经济发展不平衡,国民的科技素养水平不高,技术扩散和运用速度较慢,因此,必须借鉴西方国家的经验,结合我国的经济发展水平和科技水平构建适合我国国情的政府科技投入目标。

一些学者建议我国政府科技投入目标应更加务实,张晓玲(2006)认为我国政府科技投入目标应主要包括以下几个方面:第一,解决市场资源配置机制不能有效解决的基础研究和公益科技的投入问题;第二,培养高素质科技人才,建立一支精干的和在高技术领域具有攻坚能力的科技队伍;第三,增强我国在高技术条件

下的国家安全防卫能力；第四，提高我国战略性技术资源储备能力和对核心技术自主知识产权的形成能力；第五，促进科技创新和科技成果产业化；第六，优化产业结构，加快企业技术升级。①

本书认为：政府科技投入目标的确立应把科技放在多维空间思考，既要体现政府支持科技的目的，以科技创新促进经济增长，以经济增长带动科技发展；又要通过政府科技投入促进科技的发展，使科技成为推动经济、社会、生态可持续协调发展的加速器。就科技论科技，缺乏可持续发展的内驱力。因此，本书认为政府科技投入目标既要体现政府支持科技自身的本体性目标，又要具有体现科技对社会经济、环境、文化方面影响和作用的目标。

同时，作为一个发展中的大国，应根据中国国情来确定政府科技投入目标。中国的科技发展承载着多重任务，促进经济增长，为国家安全提供技术保障，为社会协调发展提供公共技术，自主创新，为产业部门提供共性技术、基础技术，为整个科学技术发展和科技成果产业化提供支撑的科技基础设施等等一系列任务。

根据我国科学技术发展的目标任务，借鉴西方国家的政府科技投入目标和我国的国情，本书把我国政府科技投入目标划分为两个层次：直接目标和最终目标。直接目标是指微观的科技方面的目标，包括提高科技自主创新能力、促进科技成果财富化、增强公益科技产品供给和提升科技服务水平四大目标。最终目标是指政府通过支持科技发展，促进科技进步，进而实现我国科技发展的最终目的。包括促进经济增长，保障国家安全与公共安全、协调社会发展三大宏观目标。

1) 直接目标

(1) 提高科技自主创新能力。这是我国目前政府支持科技的首要目标。我国《国家中长期科学和技术发展规划纲要（2006—2020 年)》指出：今后 15 年我国科学技术工作的指导方针是"自主

---

① 张晓玲. 论政府科技投入的形式、性质、目标和功能. 长江论坛，2006(6)：59。

创新、重点突破、支撑发展、引领未来,"其中"自主创新"是核心。自主创新是国家竞争力的核心,是国家安全的重要保证。2006年1月,胡锦涛总书记在全国科学技术大会上指出:建设创新型国家,核心就是把增强自主创新能力作为发展科学技术的战略基点,走中国特色自主创新道路,推动科学技术的跨越式发展;就是把增强自主创新能力作为调整产业结构、转变增长方式的中心环节;就是把增强自主创新作为国家战略,贯穿到现代化建设的各个方面。在2008年6月的两院院士大会上胡锦涛总书记又指出:"在关系国民经济命脉和国家安全的关键领域,真正的核心技术和关键技术只能依靠我们自己,只能依靠自主创新。"但多年来,我国主要通过引进技术,发挥低成本优势,成为世界制造大国,但缺乏核心竞争力一直是我国发展中的软肋。以笔记本电脑为例,虽然我国有较大的生产能力,但主要部件大多不是自主生产的,因而未能形成我国在IT行业的竞争强势。事实证明,核心技术不可能通过购买取得,只能依靠自主创新特别是原始创新,自主创新是一个国家科技强大的必由之路、根本之路,因此,我国要从实现国家长期可持续发展的战略高度出发,掌握更多的具有知识产权的关键技术,在战略领域和关键环节形成自主创新能力,才能形成长期竞争优势,保证国家经济安全。自主创新目标的实现关键是要加强基础研究及共性技术的政府支持。

(2) 促进科技成果财富化。科技投入的最终目的是要形成现实的生产力,尤其是形成对产业的提升能力。政府的收入主要来自税收,保证政府的每一科技投入产生高效的经济效益和社会效益是政府的职责。最近10年来的科技创新和经济发展表明,政府科技投入成为经济活动的内生变量,有直接的财富化导向。如美国政府对信息高速公路、航天飞机等重大战略产品的科技投入,不仅直接带动了美国的航空航天产业、信息产业等的高速发展,而且为美国带来了巨额的财富;印度政府对软件产业的倾斜性投入,使软件业成为印度最"赚钱"的产业之一;中国的杂交水稻技术解决了亿万人吃饭问题。同时,随着科技技术的快速发展,技术成果转化成财富的周期大为压缩，据有关统计分析显示，目前从基础研究到产品化的周期已经缩短到 3 年左右，有的则压缩到 6 个月。[①] 由于周期缩短，使一项研发活动与其可能产生的财富预期变得相对明确，可以做出相应的财富化目标安排。

（3）增强公益科技产品供给。科技投入的最终目的是造福于民，公益科技产品涵盖的范围广，包括科学普及、社会弱势群体的技术援助、公共卫生体系建设、环境污染治理等有关人民生活质量提升与社会进步所必须的产品。公益性科学研究力量相对薄弱是我国国家创新体系的薄弱环节之一。经费不足严重制约着公益性科学研究的发展，特别是卫生与健康、资源与环境、农业、标准等领域，社会公益性研究远远不能满足社会发展的需求。因此，要加强对社会公益性科学研究的政府投入。

（4）提升科技服务水平。科技服务是指和研究与发展、科技成果转化与应用有关的且有助于科技知识的产生、传播和应用的活动，它既为研究与发展服务，也为科技成果转化与应用服务。科技服务是联合国教科文组织规定的科技活动重要内容。

2）最终目标

（1）促进经济增长。按照中共中央十六大报告确定的到 2020 年建成全面小康社会的目标，2020 年中国的 GDP 总量将在 2001 的基础上再翻两番，届时 GDP 总量将达到 40 万亿元的规模，相当于 1978 年的 16 倍，人均 GDP 达到或接近世界人均水平，GDP 占世界总量 1/5 左右，成为世界经济实体最大的国家。[②]

但是，要达到 2020 年国民经济总量 40 万亿元的目标，年均经济增长率必须要达到 7％以上。显然，目标经济增长率与自然增长率之间存在着 4％左右的差距。这 4％的增长率应主要需要通过科技创新来促进。我国粗放型的经济增长方式已走到了尽头，科技创新成为国民经济持续快速增长的关键要素。因此，通过政府科

---

① 贾康等.科技投入及其管理模式研究.北京：中国财政经济出版社.2006：111。

② 胡鞍钢.中国 2020 年六大具体发展目标，WWW.163.com。

技投入促进科技创新,从而促进经济增长显然成为政府的一项艰巨任务。

(2) 保障国家安全与公共安全。作为一个发展中大国,国家的安全是保证经济与社会发展的前提,"两弹一星"、"载人航天"和"探月工程"等一批重大科技成就,为中国的国防安全提供了坚实保障,使中国能够从容应对外来的威胁,提高了民族自信心,增强了民族自豪感,大大提升了国际威望。"如果六十年代以来中国没有原子弹、氢弹,没有发射卫星,中国就不能叫有重要影响的大国,就没有现在这样的国际地位,这东西反映了一个民族的能力,一个国家兴旺发达的标志"。[①] 随着中国经济总体规模的不断扩大,国家安全的任务也越来越重,国家安全对科技的需求,不可能依赖市场提供,而应该成为政府的重要职能。公共安全是国家安全和社会稳定的基石,加强事关信息安全、经济安全、金融安全、国民安全和生态安全的科技基础,全面提高国家安全的科技保障能力是政府科技投入的重要目标与任务。

(3) 协调社会发展目标。经济、社会协调发展是中国社会发展的主线,而通过政府科技投入促进科技进步是实现经济、社会协调发展的有力武器。一是科技进步促进农业结构调整和农业发展,提高农业生产的产量和效率,通过农业科技生产出多品种、清洁型的农副产品是提高人民生活水平的重要内容之一。二是科技进步促进生活质量的提高。生命科学的发展有效地解决人类面临的重大疾病;生物技术的发展成为当今世界解决健康、环境等重大问题的有力手段。三是科技进步促进社会就业结构的合理调整。四是科技进步促进环境保护,提高人类生产活动的资源利用率,研究开发出更为环保的能源,避免人类对自然资源的过度开采而造成自然环境的退化,如美国通过高技术手段使其绿色农业补贴政策得以实现。

---

① 钟书华. 论科技举国体制. 科学学研究. 2009(12)。

4.2　规模与结构分析

政府科技投入是衡量政府科技投入水平的主要指标,由政府科技投入规模与结构的变化可以反映出政府对于科技投入的支持力度及方向;考察政府科技投入在科技经费中所占比重的变化有助于了解政府在科技投入中的地位与作用。中国的科技统计数据中均以财政科技投入为主,故本书的政府科技投入数据以财政科技投入数据表示。

4.2.1　规模变迁

财政科技投入作为科技资源配置的重要组成部分,其投入总量及其占社会资源配置的比重是否适当,不仅直接影响科技战略的实现,并且直接制约着社会资源配置的优化程度,因此,对财政科技投入规模的研究,是科技资源配置的重要任务。为了更好地研究财政科技投入的规模,首先介绍衡量财政科技投入规模与增长的指标。

1) 财政科技投入规模衡量指标

衡量财政科技投入规模的指标可以分为绝对指标和相对指标。

(1) 绝对指标

财政科技投入绝对指标是指以一国货币单位表示的财政科技投入的实际数额。使用此指标可以直观地反映财政年度内政府支配的财政科技资源的总量。但这一指标不能反映政府支配的科技资源在社会资源总量中所占的比重,因而不能充分反映出政府科技投入在整个社会经济发展中的地位,同时也不考虑通货膨胀因素,反映的只是名义上的政府科技投入规模。绝对指标在对政府科技投入规模做横截面数据时,特别是在样本区间不一致的情况下,数据缺乏可比性,用于定量研究的实用性不高。

（2）相对指标

财政科技投入的相对指标是指对一个国家或地区政府科技投资规模数量与其他相关经济指标总量所占比重的衡量。相对指标反映了一定时期内社会创造的财富中政府直接支配的财政科技资金数额,反映的是财政科技投入的实际规模。相对指标在统计分析中能够更清楚地认识统计量之间的关系,反映统计量之间的相互联系程度,在定量研究中的实用性较高。

财政科技投入的相对指标主要有:财政科技投入占国内生产总值(GDP)的比重、财政科技投入占国家财政总支出的比重、财政科技投入占国家财政总收入的比重以及财政科技投入对 GDP 的弹性等指标。

财政科技投入弹性指标表示由国内生产总值的增长所引起的财政科技投入增长幅度的大小,表现为财政科技投入增长幅度对国内生产总值增长幅度的比例,用公式表示为:

财政科技投入弹性＝财政科技投入增长率(％)/国内生产总值增长率(％)

2）中国政府科技投入规模分析

1978 年底开始的改革开放及随之而来的经济增长,为科技事业的发展提供了财力保障,特别是随着"科学技术是第一生产力"、"科教兴国"和"建设创新型国家"等一系列战略目标的提出,政府科技投入受到了极大重视,政府科技投入绝对额呈现出不断上升的趋势。但从中国经济发展、国力提升对政府科技投入的需求来看,政府科技投入相当不足,政府科技投入的增长机制得不到有效保障。

表 4.1 列出了改革开放以来中国的财政科技拨款、财政支出和国内生产总值的绝对水平及相对指标,可以较完整地反映改革开放以来中国政府科技投入的整体规模变化。

从绝对额上看,政府科技投入呈现出一个长期增长的态势,从 1978 年的 52.89 亿元增长到 2008 年的 2581.8 亿元,增加了 48.8 倍,但同期,GDP 从 1978 年的 3645.2 亿元增加到 2008 年的 300670.0 亿元,增加了 82.5 倍;财政支出从 1978 年的 1122.09 亿元增加到 2008 年的 62592.66 亿元,增加了 55.8 倍;相比之下,政府科技投入的绝对额增长远远落后于财政支出及 GDP 的增长。

从增长速度上看,政府科技投入的年均增长率为 14.4%,小于财政支出年均增长率 15.4%和 GDP 年均增长率 16.1%的增长速度,说明政府科技投入的增长速度远不及 GDP 和财政支出的增长速度。

表 4.1　1978—2008 年中国财政科技投入有关指标

单位:亿元

年份	国内生产总值(GDP)		财政支出		财政科技拨款			
	总量	增长率%	总量	增长率%	总量	增长率	占 GDP 比重%	占财政支出比重%
1978	3645.2	—	1122.09	—	52.89	—	1.45	4.71
1979	4062.6	11.5	1281.79	14.2	62.29	17.8	1.53	4.86
1980	4545.6	11.9	1228.83	−4.1	64.59	3.7	1.43	5.26
1981	4891.6	7.6	1138.41	−7.3	61.58	−4.7	1.26	5.41
1982	5323.4	8.8	1229.98	8.0	65.29	6.0	1.23	5.31
1983	5962.7	12.0	1409.52	14.6	79.10	21.2	1.33	5.61
1984	7208.1	20.9	1701.02	20.7	94.72	19.7	1.31	5.57
1985	9016.0	25.1	2004.35	17.8	102.59	8.3	1.14	5.12
1986	10275.2	13.7	2204.91	10.0	112.57	9.7	1.10	5.11
1987	12058.6	17.4	2262.18	26.0	113.79	10.8	0.95	5.03
1988	15042.8	24.7	2491.21	10.1	121.12	6.4	0.81	4.86
1989	16992.3	13.0	2823.78	13.3	127.87	5.6	0.75	4.53
1990	18667.8	9.9	3083.59	9.2	139.12	8.8	0.75	4.51
1991	21781.5	16.7	3386.62	9.8	160.69	15.5	0.74	4.74
1992	26923.5	23.6	3742.20	10.5	189.26	17.8	0.70	5.06
1993	35333.9	31.2	4642.30	24.1	225.61	19.2	0.65	4.86

年份	国内生产总值(GDP)		财政支出		财政科技拨款			
	总量	增长率%	总量	增长率%	总量	增长率	占GDP比重%	占财政支出比重%
1994	48197.9	36.4	5792.62	24.8	268.25	18.9	0.56	4.63
1995	60793.7	26.1	6823.72	17.8	302.36	12.7	0.50	4.43
1996	71176.6	17.1	7937.55	16.3	348.63	15.3	0.49	4.39
1997	78973.0	11.0	9233.56	16.3	408.86	17.3	0.52	4.43
1998	84402.3	6.9	10798.18	16.9	438.60	7.3	0.52	4.06
1999	89677.1	6.3	13187.67	22.1	543.85	24.00	0.61	4.12
2000	99214.6	10.6	15886.50	20.5	575.62	5.8	0.58	3.62
2001	109655.2	10.5	18902.58	19	703.26	22.2	0.64	3.72
2002	120332.7	9.7	22053.15	16.7	816.22	16.1	0.68	3.70
2003	135822.8	12.9	24649.95	11.8	975.54	19.5	0.70	3.96
2004	159878.3	17.7	28486.89	15.6	1095.3	12.3	0.69	3.84
2005	183217.4	14.6	33930.28	19.1	1334.91	21.9	0.77	3.93
2006	211923.5	15.7	40422.73	19.1	1688.50	26.5	0.80	4.18
2007	257305.6	21.4	49781.35	23.2	2113.5	25.2	0.82	4.24
2008	300670.0	16.9	62592.66	25.7	2581.8	22.2	0.86	4.12

资料来源:根据 1979—2009 中国科技统计年鉴. 1979—2009 中国统计年鉴整理、计算。

从相对量上看,政府科技投入占 GDP 和国家财政支出的比重呈现出先上升后下降再上升的态势(见图 4.1),1978 年至 1987 年期间,中国进入了改革开放的历史新时期,也是科技事业大力发展时期,国家财政给予科技工作很大的资金支持。政府科技投入占 GDP 比重都超过或接近 1%,1979 年达到历史最高点为 1.53%;

同期政府科技投入占财政支出的比重也超过 5％，是中国政府支持科技发展力度最强时期。但随后政府科技投入占 GDP 比重一路下降，到 1996 年仅为 0.49％，为历史最低点，低于 1979 年的历史最高点 1.04 个百分点。尽管随着经济的发展，国家经济实力的增强，政府科技投入占 GDP 比重有所上升，但上升幅度不大。可喜的是，2006 年作为我国科技"十一五"规划的开局之年，我国的政府科技投入有了大幅度增长，政府科技投入占 GDP 比重超过 0.8％，2008 年上升到 0.86％，同期政府科技投入占财政支出的比重也有较大幅度的增长。

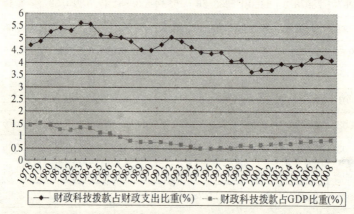

图 4.1　中国财政科技拨款占财政支出及 GDP 比重

资料来源：1979—2009 中国科技统计年鉴. 1979—2009 中国统计年鉴. 北京：中国统计出版社.

综观改革开放以来的政府科技投入规模轨迹，可以看出，虽然政府科技投入绝对量逐年增长，但其相对量却没有提高，反映了政府科技财政政策的指导思想，还没有完全从数量型增长观念的桎梏下解脱出来，政府对于科技发展的重视程度还远远不够，国家财政对于科技投入的支持力度有待进一步提高。按照国际上的普遍看法，政府科技投入占 GDP 的比重不到 1％的国家，是缺乏创新能力的国家；在 1％—2％之间，是有所作为的；大于 2％，这个国家的科技创新能力可能会比较强。[①] 中国目前的状况属于缺乏科技创新能力,要建设创新型国家还需要进一步加大财政科技支持力度。因此,应该提高财政支出中用于科技拨款的比例。

4.2.2　结构演变

政府科技投入结构是指政府科技投入总额中各类支出的组合,依据不同的划分标准对政府科技投入进行分类,结果会形成不同的支出组合形式,或不同的结构类型。通过对政府科技投入结构的分析可以了解政府科技投入的基本内容和各类支出的相对重要性,从而了解特定时期内政府科技投入结构的变化情况。

1) 科技经费投入来源结构中,企业资金逐渐成为科技投入主体

科技经费投入来源的构成反映了科技投入主体的构成,并直接涉及到经费筹集、分配的体制问题,反映科技投入主体的变化,表明科技与经济结合的密切程度。按我国的统计口径,科技经费来源主要包括四个方面:政府资金、企业资金、金融贷款和其他资金。其中,其他资金又主要包括科技机构自身创收资金、国外资助和捐款等。

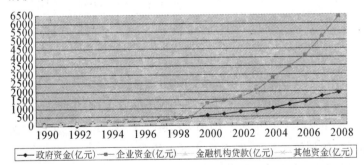

图 4.2　全国科技经费来源情况

资料来源:根据 1991—2009 中国科技统计年鉴. 中国统计年鉴整理、计算。

---

①　寇铁军,孙晓峰. 我国财政科技支出实证分析与政策选择. 地方财政研究,2007
(3):7。

从图 4.2 可以看出，1990 年以来，中国的科技活动经费投入总额、政府资金、企业资金和金融机构贷款的投入总量都呈现出逐年增加的趋势，企业资金增长幅度最快，其次是政府资金，金融机构贷款和其他资金变化不大，由此看出，政府与企业投入是促进科技创新的主要资金来源。从政府资金来看，1990 年为 113.3 亿元，到 2008 年增加到 1902.0 亿元。值得注意的是，政府资金从 1992 年开始少于企业资金，同时，政府资金所占科技经费筹集总额的比重也逐渐降低，1990 年为 37.60％，到 2008 年仅为 20.85％，下降了近 17 个百分点（见图 4.3），从长期看，政府科技投入在科技投入中的地位有不断降低的趋势。实证表明企业逐渐成为科技投资的主体，而政府由过去的主导性资金逐渐成为引导性投入，特别是在市场不失灵的领域，政府越来越让位于市场。

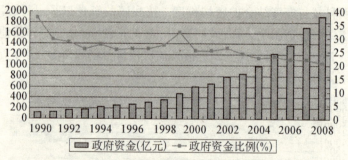

图 4.3　科技经费筹集中政府资金状况

资料来源：根据 1991—2009 中国科技统计年鉴.中国统计年鉴整理、计算。

20 世纪 80 年代中期，中国先后开始了企业经营管理体制改革和科技拨款体制改革，赋予企业更多的资金支配权和经营决策权，同时强调科研机构应面向经济建设，加强与企业的合作，从而改变了科技创新依赖于政府投资的局面，最直接的表现就是政府资金占科技经费筹集额比重的下降和来自企业的比重上升，90 年代初期，多元化的科技经费来源结构已初步形成。

2) 投入主体结构中,地方政府科技投入快于中央政府

按照中央政府和地方政府的职能划分,中央政府主要承担受益在全国范围的科技公共产品的提供和关系到国家国计民生且具有战略意义的科技产品的提供。地方政府主要承担受益范围在地方的科技公共产品的提供和具有地方意义的科技产品的提供。在我国的中央和地方政府科技投入的具体实施中,中央与地方所采取的措施是不同的。中央政府的科技投入主要用于保证中央级科研院所的正常运行,安排国家级重点科技计划项目和全国性科研基础条件和环境保护所需资金;省级政府科技投入主要是保证省级科研单位开展工作,支持省范围内基础、高技术、大项目和科研环境的建设;地、市、区、县级政府投入主要支持科学技术的推广应用、技术服务、适用技术的研究开发以及区域性科研环境条件的改善等。

(1) 中央与地方财政科技投入占总财政科技投入的比重发生重大变化。中央与地方财政科技投入之间的比例关系在一定程度上影响政府科技投入的功能的实现。从中央与地方财政科技投入总量情况来看,中央与地方政府科技投入都随着国家和地方的经济发展而有较大提高,特别是地方,增长速度快于中央。1990 年,中央财政科技投入 97.55 亿元,占国家财政科技投入的 70.1%,地方财政科技投入 41.57 亿元,占 29.88%,中央政府对科技的支持占有绝对优势;2007 年,成为中央与地方财政科技投入比重变化的分水岭,地方财政科技投入总额和比重首次超过了中央,分别高于中央 29.5 亿元和 1.4%;到 2008 年,中央财政科技投入 1285.2 亿元,占国家财政科技投入的 49.8%,地方财政科技投入 1296.6 亿元,占 50.2%(见图 4.4,表 4.2)。地方财政科技投入的快速增长表明,地方财政在支持科技创新建设中发挥着越来越明显的作用,充分体现了科技进步在区域经济和社会发展中的重要位置和支撑作用。

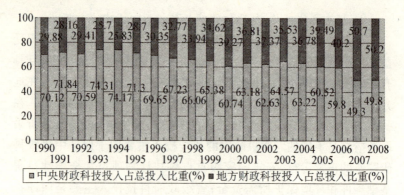

图4.4 中央与地方财政科技投入占财政科技总投入比例

资料来源：1991—2009中国科技经费投入公报.中华人民共和国科学技术部网。

表4.2 中央与地方财政科技投入情况 单位：亿元、%

年度	中央财政支出总额	中央财政科技投入	中央财政科技投入占中央财政支出的比重	地方财政支出总额	地方财政科技投入	地方财政科技投入占地方财政支出的比重	中央政府科技投入弹性	地方政府科技投入弹性
1991	1090.81	115.44	10.58	2295.81	45.25	1.97	2.13	0.85
1992	1170.44	133.60	11.41	2571.76	55.66	2.12	2.15	1.91
1993	1312.06	167.64	12.78	3330.24	57.97	1.74	2.11	0.14
1994	1754.43	198.97	11.34	4038.19	69.28	1.72	0.55	0.91
1995	1995.39	215.58	10.80	4828.33	86.78	1.80	0.61	1.29
1996	2151.27	242.83	11.29	5786.28	105.81	1.83	1.62	1.11
1997	2532.50	273.84	10.81	6701.06	133.98	2.00	0.77	1.68
1998	3125.60	289.73	9.72	7672.58	148.87	1.94	0.25	0.77
1999	4152.33	355.60	8.56	9035.34	188.3	2.08	0.69	1.49
2000	5519.85	349.60	6.33	10366.65	226.04	2.18	—0.05	1.36

续　表

年度	中央财政支出总额	中央财政科技投入	中央财政科技投入占中央财政支出的比重	地方财政支出总额	地方财政科技投入	地方财政科技投入占地方财政支出的比重	中央政府科技投入弹性	地方政府科技投入弹性
2001	5768.02	444.34	7.70	13134.56	258.9	1.97	6.03	0.55
2002	6771.70	511.20	7.55	15281.45	305.02	2.00	0.86	1.09
2003	7420.10	609.90	8.62	17229.85	335.6	1.95	2.63	0.79
2004	7894.08	692.40	8.77	20592.81	402.9	1.96	1.28	1.03
2005	8775.97	807.82	9.20	25154.31	527.09	2.10	1.49	1.39
2006	9991.40	1009.74	10.10	30431.33	678.76	2.22	1.80	1.37
2007	11442.06	1041.96	9.11	38339.29	1071.5	2.79	0.22	2.23
2008	13344.17	1285.2	9.63	49248.49	1296.6	2.63	1.41	0.74

资料来源：根据2009中国统计年鉴.2009中国科技统计年鉴计算、整理。

（2）中央与地方内部结构分析。表4.2显示，从绝对指标上看，中央与地方财政科技投入的绝对额都有较大幅度的增长。中央财政科技投入从1991年的115.44亿元，增长到2008年的1285.2亿元，增加了11.1倍，而中央财政支出总额从1991年的1090.81亿元，增长到2008年的13344.17亿元，增加了12.2倍，中央财政科技投入跟不上中央财政总支出的增长；地方财政科技投入从1991年的45.25亿元，增长到2008年的1296.6亿元，增加了28.7倍，地方财政支出总额从1991年的2295.81亿元，增长到2008年的49248.49亿元，增加了21.5倍，地方财政科技投入大大快于地方财政总支出的增长。从相对指标上看，中央财政科技投入占中央财政支出的比重远远大于地方，中央在1998年前这一比重一直在10%以上，1998年后，除2006年外，其他年份都处于10%以下，2000年降到了历史最低点6.33%，呈下降趋势。地方财政科技投入占地方财政支出比例一直在 2% 上下浮动，变化不大，但有长期增加趋势。中央财政科技投入力度明显大于地方财政科技投入力度。

（3）中央与地方财政科技投入弹性分析。经济学中，经常用弹性表示具有依存关系的两个经济变量之间，一个变量对另一个变量变动的反应程度。财政科技投入弹性＝财政科技投入变化率/财政支出变化率，说明财政支出变化引起财政科技投入的变化程度。如果弹性大于 1，说明财政支出的增长引起财政科技投入更大幅度的增长，财政科技投入对财政支出的增长比较敏感，财政能够有效地利用占有的资金支持科技创新与发展；如果弹性等于 1，说明财政科技投入与财政支出的增长幅度同步；如果小于 1，说明财政科技投入增长对财政支出增长不敏感，财政占有资金逐步减少，支持科技减弱。从表 4.2 可以看出，我国的中央财政科技投入的支出弹性变化较大，强弹性和弱弹性大体相当。2000 年弹性为负，说明随着财政支出的增长，财政科技投入反而减少。地方财政科技投入的支出弹性均为正，对科技的影响比较显著。

3）投向结构中，更多地流向科研机构及高等院校

政府的科技投入主要投向企业、科研机构和高等院校。在传统的科技创新体系中，政府研究机构和高等院校是科技创新的真正主体，企业几乎没有创新活动。作为非物质生产部门，政府研究机构和高等院校的主要资金来源于政府财政，财政投资成为科技创新的绝对主导资金。改革开放以后，中国的创新体系也发生了根本性转变，企业不再是生产车间，而是科技创新体系的重要一员，是科技经费来源的主要投资者。

（1）大中型工业企业政府投入状况。由于我国的统计年鉴中只有大中型企业的统计数据比较完整，因此本书以 1995—2008 年统计数据为例分析大中型工业企业政府资金的变动情况。

从表 4.3 可以看出，大中型工业企业的科技经费筹集额总额是逐年增长的，且增长幅度较大，2000 年其增长率达到最高点 38.7%，近年来也一直高于 20%。与之相比，来自政府的资金投

表 4.3 大中型工业企业科技经费筹集额及政府资金的变动情况

单位:亿元、%

	科技经费筹集额		政府资金		比重
	总额	增长率	总额	增长率	
1995	427.4	—	27.1	—	6.3
1996	452.6	5.9	32.0	18.1	7.1
1997	499.8	10.4	31.5	−1.6	6.3
1998	556.4	11.3	44.0	39.7	7.9
1999	665.4	19.6	49.7	13.0	7.5
2000	922.8	38.7	43.2	−13.1	4.7
2001	1046.7	13.4	41.1	−4.9	3.9
2002	1213.0	15.9	53.7	30.7	4.4
2003	1588.6	31.6	51.8	−3.5	3.3
2004	2090.7	31	64.8	25.1	3.1
2005	2665.8	27.5	81.9	26.4	3.1
2006	3300.8	23.8	105.4	28.7	3.2
2007	4312.6	30.7	144.3	36.9	3.3
2008	5220.4	21.1	192.7	33.5	3.7

资料来源:2009 中国科技统计年鉴.北京:中国统计出版社,2009。

入,尽管总额也呈现出逐年上升态势,但其增长率却波动较大且不具备增加的连续性,1997、2000、2001 和 2003 年甚至出现了负增长。最高年份政府资金增长率是 1998 年,为 39.7%,最低年份增长率为 2000 年的−13.1%,两者相差 52.8%,说明政府对企业的科技投入没有稳定的支持政策,且随意性较大。从政府资金占科技经费筹集额的比重看,呈现下降趋势,近年来一直为 3%左右,2008 年所占比重为 3.7%,比 1998 年的 7.9%少一倍还多,说明政府用于直接支持企业科技创新的力度越来越小。

（2）高等院校政府投入状况。高等院校是创新型人才培育基地，是知识创新的主体，通过教学和科研，促进经济和社会发展。高等院校拥有人才、技术、学科及国际交往和国家财政的长期支持等方面的优势，具有较强的创新能力。目前，高等院校在国家创新体系和地区发展中的溢出效应愈加显著，也是政府财政进行科技投入的一个重要部门。科技体制改革后，高等院校成为我国基础研究和高技术领域原始创新的重要力量，是解决国民经济重大科技问题、实现技术转移、成果转化的生力军。

从二者的年度增长情况来看（见表 4.4），高等院校筹集的科技经费总额和从政府获得的资金总额都呈逐年递增态势，除1997 和 2000 年外，每年的增长率都大体相当。从政府资金占科技经费筹集额的比重来看，从 1998 年开始，政府资金所占比重一直稳定在 50% 以上，超过高等院校科技资金的一半以上，显示出高等院校对政府资金越来越依赖。政府投入长期稳居半壁江山，说明高等院校科技资金来源中，政府投入一直是非常重要的来源。

表 4.4　高等院校科技经费筹集额及政府资金的变动情况

单位：亿元、%

年份	科技经费筹集额		政府资金		比重
	总额	增长率	总额	增长率	
1995	49.5	—	22.1	—	44.6
1996	56.5	14.1	25.8	16.7	45.7
1997	73.1	29.4	36.5	41.5	48.4
1998	85.0	16.3	41.1	12.6	58.5
1999	102.9	21.1	49.2	19.7	54.9
2000	166.8	62.1	97.5	98.2	55.4
2001	200.0	19.9	109.8	12.6	53.5
2002	247.7	23.9	137.3	25.0	53.8

年份	科技经费筹集额		政府资金		比重
	总额	增长率	总额	增长率	
2003	307.8	24.3	164.8	20.0	54.6
2004	391.6	27.2	210.6	27.8	54.5
2005	460.9	17.7	251.5	19.4	54.7
2006	528.0	14.6	287.8	14.3	54.5
2007	612.7	16.0	345.4	20.0	56.9
2008	732.7	19.6	424.1	22.8	57.9

资料来源:2009 中国科技统计年鉴.北京:中国统计出版社,2009。

　　(3)科研机构政府投入状况。科研机构既不同于政府的管理机制,也不同于企业的运行模式,是介于政府与市场之间的组织形式,通常称其为"非营利组织",在中国,是以公共需求和公共利益为目的的,主要从事基础研究、前沿技术研究和社会公益研究。科研机构由于拥有较强的科研队伍和研究实力,技术创新和专利产出绩效明显,尤其在大规模和集群化的技术研发方面,科研机构具有明显的优势,因此科研机构成为政府财政资助的重点部门。

　　表4.5显示,从科研机构科技经费筹集额来看,除1999年稍有下降外,其余年份都是增长,2007年其增长率达到23.9%,总体来看增长率波动较大,缺乏稳定。政府资金总额持续增长,但其增长率波动较大,缺乏规律性。1995—2008年的数据显示:科研机构政府资金占科技经费筹集额的比重呈逐年稳步上升趋势,2005年开始政府资金投入比重已占到80%以上,2008年达到最高峰87.8%,说明政府对科研机构投入政策的一致性和重视度。由此可见,科研机构的科技创新活动依然极大地依赖于政府的资金投入。

表 4.5　科研机构科技经费筹集额及政府资金的变动情况

单位：亿元、%

年份	科技经费筹集额		政府资金		比重
	总额	增长率	总额	增长率	
1995	393.5	—	179.2	—	45.5
1996	436.0	10.8	192.9	7.6	44.2
1997	502.1	15.2	218.5	13.3	43.5
1998	540.3	7.6	244.7	12.0	45.3
1999	537.6	−0.5	338.6	38.4	63.0
2000	559.4	4.1	377.4	11.5	67.5
2001	626.0	11.9	434.9	15.2	69.5
2002	702.7	12.3	498.0	14.5	70.9
2003	750.6	6.8	535.0	7.4	70.3
2004	789.1	5.1	569.1	6.4	72.1
2005	950.4	20.4	763.4	34.1	80.3
2006	1020.3	7.3	835.5	9.4	81.9
2007	1264.4	23.9	1041.7	24.7	82.4
2008	1396.9	10.5	1156.6	11.0	87.8

资料来源：2009 中国科技统计年鉴.北京：中国统计出版社，2009。

以上分析可以看出，政府科技投入仍是我国科研机构及高等院校主要的科技资金来源，一方面是由于科研机构和高等院校是我国创新的重要部门，集聚了大量的科技基础设施和创新人才，另一方面是科技溢出的存在。

4）目标结构下的政府科技投入

根据前面我们对政府科技投入的目标的确定，分析其目标结构。

（1）自主创新目标下的政府科技投入结构

自主创新目标下的政府科技投入主要有：R&D 经费投入、科技基础设施投入和战略技术与战略产品投入。

第一，R&D 经费投入。科学研究与试验发展（简称 R&D）经费投入是指统计年度内全社会实际用于基础研究、应用研究和试验发展的经费支出，包括实际用于研究与试验发展活动的人员劳务费、原材料费、固定资产购建费、管理费及其他费用支出。R&D 活动是科技活动中最具有创造性和创新性的部分，是整个科技活动的核心，其发展水平是衡量一个国家科技技术水平高低的重要标志，对科学技术由知识形态的生产力向现实生产力的转化起到了至关重要的作用。R&D 经费投入也是自主创新中重要的投入要素，R&D 的投入规模和结构可以集中反映一国对科技事业的重视程度以及对科技投入方式与结构、科技发展与创新方面的偏好。目前，联合国教科文组织和世界上多数国都将 R&D 经费总额作为一国科技投入的重要评判指标。

政府 R&D 资金是实现国家科技发展目标的最重要、最稳定和最集中的资金来源。也是自主创新的关键投入。从 2003 到 2008 年，全国 R&D 经费支出不断增加。就政府资金来看，2003 年为460.6亿元，到 2008 增长到 1088.9 亿元，六年间增长了 2.4 倍。值得注意的是，尽管近年来中国政府投入 R&D 活动的资金规模不断扩大，但政府 R&D 资金占全国 R&D 经费支出的比重却呈下降趋势。另一方面，作为各国和国际组织评价科技实力或竞争力的首选核心指标——R&D 投入强度（R&D 投入/GDP%），在我国却呈现出极低的状态。2008 年中国政府 R&D 资金占 GDP 的比重仅为 0.36%，而同期发达国家的这一比重却保持在 0.5%—0.8%的水平（见表 4.6）。

基础研究是科学技术发展的源泉，代表了一国原始创新的能力，对国家科技底蕴的积累、形成具有自主知识产权的产品以及提升我国的国际竞争力都是极其重要的要素。只有在基础研究方面拥有坚实基础和重大建树，国家的自主创新能力才有提升之道，才

表 4.6 近年来中国 R&D 经费支出的经费来源

单位：亿元、%

年度	R&D 经费支出	政府	企业	国外	其他	政府资金所占比重	政府 R&D 资金占 GDP 比重
2003	1539.63	460.6	925.4	30.0	123.8	29.92	0.34
2004	1966.33	523.6	1291.3	25.2	126.2	26.63	0.33
2005	2449.97	645.4	1642.5	22.7	139.4	26.34	0.35
2006	3003.1	742.1	2073.7	48.4	138.9	24.71	0.35
2007	3710.2	913.5	2611.0	50.0	135.5	24.62	0.36
2008	4616.0	1088.9	3311.5	57.2	158.4	23.59	0.36

资料来源：根据 2004—2009 中国科技统计年鉴计算、整理。

能在全球经济分工中取得优势和主动地位。作为创新的重要源泉，基础研究需要长期的研究积累，需要政府的大力支持。20 世纪 80 年代以来，我国逐渐加大了对基础研究的投入，1986 年设立了国家自然科学基金，重点支持基础科学研究活动。20 多年来，基金累计择优资助项目 10 余万项，资助经费超过 200 亿元。2008 年国家自然科学基金得到政府拨款 53.6 亿元，是 1986 年的 60 多倍；为了进一步加强基础研究支持力度，于 1991 年开始实施"攀登计划"，1998 年，主要面向国家重大需求，支持重点基础研究领域和重大科学问题的国家重点基础研究发展计划（973 计划）也开始实施，十余年间累计投入中央财政拨款逾 100 亿元。为支持基础研究，1984 年以来国家投资建成了 218 个重点实验室。据统计，2008 年国家重点实验室筹集研究经费 121 亿元，承担科研项目 21860 项，分别是 1990 年的 133 倍和 9.9 倍。

我国的统计资料中缺少政府科技投入直接投资于 R&D 经费支出结构的数据，根据 2000 年全国 R&D 资源清查中有关统计：我国基础研究经费大约 88% 由政府提供，研究机构和高校事业收入对基础研究课题的补助约占 7%，剩余 5% 是企业的投资。考虑到基础研究的纯公共产品性质,其投入基本上均来自于政府公共投入,因此,本书在分析时,以基础研究经费大部分来源于政府科技投入为例分析。从 R&D 经费支出结构看(见表 4.7),我国对基础研究的扶持力度不断加大,1995 年我国 R&D 经费用于基础研究的支出为 18.06 亿元,2008 年增至 220.8 亿元,平均每年增长 20% 多,但占支出总量的比例变化不大,基本维持在 5% 左右。可见目前我国还没有对基础研究给予充分的重视。

表 4.7 1995—2008 年全国 R&D 经费支出结构

单位:亿元

年份	R&D 经费支出	基础研究	比重%	应用研究	比重%	试验发展	比重%
1995	348.69	18.06	5.18	92.02	26.39	238.60	68.43
1996	404.48	20.24	5.00	99.12	24.51	285.12	70.49
1997	509.16	27.44	5.39	132.46	26.02	349.26	68.60
1998	551.12	28.95	5.25	124.62	22.61	397.54	72.13
1999	678.91	33.90	4.99	151.55	22.32	493.46	72.68
2000	895.66	46.73	5.22	151.90	16.96	697.03	77.82
2001	1042.49	55.60	5.33	184.85	17.73	802.03	76.93
2002	1287.64	73.77	5.73	246.68	19.16	967.20	75.12
2003	1539.63	87.65	5.69	311.45	20.23	1140.52	74.08
2004	1966.33	117.18	5.96	400.49	20.37	1448.67	73.67
2005	2449.97	131.21	5.36	433.53	17.70	1885.24	76.95
2006	3003.1	155.8	5.2	504.5	16.8	2342.8	78.00
2007	3710.24	174.52	4.70	492.94	13.29	3042.78	82.01
2008	4616.0	220.8	4.8	575.2	16.7	3820	82.8

资料来源:根据 1996—2009 中国统计年鉴. 中国科技统计年鉴整理。

第二,科技基础设施投入。表 4.8 显示,科研基建费除 1990 年和1997年出现负增长外，基本保持稳定增长，但和政府科技投入的增长相比，科研基建费增长速度缓慢，科研基础设施的投入和政府科技投入之间没有建立起一种稳定、协调的增长机制。但从2006年起，中央加大了对科技基础设施建设的力度，中央财政预算专门安排了科技基础条件平台建设计划，并纳入国家科技主体计划，对科研基础条件的支持力度大幅度增加。从2008年起，新增设国家重点实验室专项，安排资金19.79亿元，从基本科研业务费、开放运行费、仪器设备费三方面加大对国家重点实验室科研基地的投入。

表4.8　国家预算科目分类中科技基建费的支出情况

单位：亿元、%

年份	科研基建费		财政科技投入		科研基建费占财政科技投入的比重
	总额	增速	总额	增速	
1990	17.47	−2.6	139.12	8.8	12.6
1991	18.40	5.3	160.69	15.5	11.5
1992	24.55	33.4	189.26	17.8	13.0
1993	33.95	38.3	225.61	19.2	15.0
1994	36.06	6.2	268.25	18.9	13.4
1995	38.00	5.4	302.36	12.7	12.6
1996	48.55	27.8	348.63	15.3	13.9
1997	42.74	−12.0	408.86	17.3	10.5
1998	47.28	10.6	438.6	7.3	10.8
1999	52.9	11.9	543.85	24.00	9.7
2000	61.50	16.3	575.62	5.8	10.7
2001	63.4	3.1	703.26	22.2	9.0
2002	69.99	10.4	816.22	16.1	8.6
2003	80.20	14.6	975.54	19.5	8.2
2004	95.90	19.6	1095.3	12.3	8.7

年份	科研基建费		财政科技投入		科研基建费占财政
	总额	增速	总额	增速	科技投入的比重
2005	112.5	17.3	1334.91	21.9	8.4
2006	134.40	19.5	1688.50	26.5	7.95

资料来源:根据 2007 中国科技统计年鉴、2000 中国科技统计年鉴整理、计算。

注:2006 年及以前年度政府科技投入包括科技三项费、科学事业费、科研基建费和其他科研事业费;2007 年政府收支分类体系改革后,政府科技投入包括'科学技术'科目下支出和其他功能支出中用于科学技术的支出,前后年度政府科技投入涵盖范围基本一致。2007 年科学技术支出为 1783.1 亿元,其他支出为 330.4 亿元;2008 年科学技术支出为 2129.2 亿元,其他支出为 452.6 亿元。

第三,战略技术与战略产品投入。战略技术与战略产品是制约经济社会发展的瓶颈,只有突破制约社会经济发展的关键技术,才能支撑经济又快又好地发展。在中国的工业化进程中,国家关键性战略技术发展历来受到重视,并在经济发展中起到了重大作用。"一五"时期的 156 项重大建设项目,20 世纪 60 年代的"两弹一星"等,都是当时我国发展战略的重大措施。80 年代以来,我国相继实施的各类科技重大计划、战略技术取得了巨大进展。比如:1987 年开始实施的高技术研究发展计划(863 计划),参与国际高技术及其产业领域的竞争,坚持战略性、前沿性和前瞻性,重点加强前沿技术研究。1986—2005 年期间,国家累计投入 863 计划 330 亿元,承担 863 计划研究任务的科研人员超过 15 万名,约有 500 余家研究机构,300 余所大专院校,近千家企业参与了 863 计划的研究开发工作。863 计划所取得的成就对于提升我国自主创新能力、提高国家综合实力、增强民族自信心等方面发挥了重要作用。

(2) 科技成果转化投入

科技投入是科技成果转化的重要保障。由于我国长期单一计划经济体制的影响,我国科技发展与经济建设相脱节的现象严重,大多数科研成果仍停留在实验室阶段,仅仅是样品和展品,不能转化为现实的生产力,对企业的技术进步贡献不大。据统计,目前我国每年有 2 万多项重大的科技研究成果和 5 千多项专利,但最终转

化为现实成果的不足 5％,而发达国家科技成果总转化率则为 45％
以上。我国科学技术向生产转化的比率为 10％—15％,远低于发
达国家的 60％—80％比率。

科技成果转化率低下有众多因素,其中政府支持不足是重要
原因之一。1988 年,为了使地方的新产品新技术开发和推广有一
个稳定的资金来源,并能充分发挥资金效益,加速科技成果向商品
化、产业化的转化,国家计委和财政部按照技术开发推广经费管理
办法的改革方案,建立各省、市的国家拨款与地方财政拨款相匹配
的《新产品新技术开发推广基金管理办法》。1996 年又发布和实施
了《中华人民共和国促进科技成果转化法》,第一次以法律形式明
确了财政资金支持科技成果转化的基本支持方式,其第 21 条至 24
条中明确规定,"科技成果转化的国家财政经费,主要用于科技成
果转化的引导资金、贷款贴息、补助资金和风险投资以及其他促进
科技成果转化的资金用途"。这是我国第一次以法律形式明确财
政资金支持科技成果转化活动可以采取的方式。此外,国务院各
有关部门通过设立多项财政专项资金和政策引导类计划来推动技
术创新和科技成果的转化。比如 2001 年中央财政为加速农业、林
业、水利等科技成果转化,提高国家农业技术创新能力,支持农业
科技成果进入生产前期化开发、中试、熟化,经国务院批准设立了
专项引导资金,即农业科技成果转化资金。2001-2008 年,中央财
政累计投入 22.5 亿元,共支持 3784 个项目。其中,2008 年中央财
政投入转化资金 3.0 亿元,带动地方、企业等投入配套资金 16 亿
元,有效促进了农业科技成果转化,为增加农业科技含量,增强农
业竞争力,加快现代农业和新农村建设做出了重要贡献。

(3) 公益科技投入

进行公益科技投入,改善民生是科技创新之根本。政府科技
投入不仅要支持研究开发高新技术产品,建设大的科技工程,还要
支持面向经济社会发展的需求、面向市场的需求,面向不同地区、
不同社会群体需求的科技研究与创新,解决人民衣食住行中的实
际问题。近年来,我国的科技创新围绕可持续发展目标,以资源利

用与生态保护、人口与健康、公共安全、防灾减灾等为重点,开展了
一大批重大研究,为提高人民生活质量、促进社会和谐发展提供了
有力的科技支撑。

中国统计资料中并没有专门的公益科技的财政科技投入数
据。在中央财政支持的国家专项计划中可以看出我国公益科技的
政府支持状况。表4.9、4.10反映的是国家科技支撑计划和国家
重点基础研究发展计划(973)对不同领域的科技支持,可以看出,
从2001—2008年政府对环境、农业、人口与健康和公共安全等公
益科技方面进行了较多的专项拨款,有力地促进了与人民生活息
息相关的公益科技创新。同时,自2006年以来,中央财政先后安排
和实施了公益性行业专项科研经费、中央级公益科研院所基本业务
费专项基金等财政专款,在中央财政的带动下,地方政府也纷纷加大
对这些领域的财政支持,社会公益类科研活动得到巨大支持。

表4.9 国家科技支撑计划/国家科技攻关计划中央财政拨款

单位:万元

项目	2001	2002	2003	2004	2005	2006	2007	2008
合计	105340	133840	134540	161440	162440	300000	544115	506556
能源②	7380	8551	8429	5860	11620	18471	17914	24148
资源③	14003	5463	13783	11020	15520	21330	33695	43393
环境	—	—	—	—	—	18241	22771	33188
农业	26053	29803	24420	32225	30293	78879	118355	102004
材料	11110	12220	12540	17030	12610	20480	46358	51483
制造业	10530	10219	8631	4730	7990	20548	62897	45199
交通运输	—	—	—	—	—	19917	50114	30795
信息产业与现代服务业	6500	13810	13870	12380	7993	28394	30284	46562
人口与健康	8077	27747	20512	40220	39364	24641	68576	47422

续　表

项目	2001	2002	2003	2004	2005	2006	2007	2008
城镇化与城市发展	—	—	—	—	—	11340	36496	26845
公共安全及其他社会事业④	21687	26027	32355	37975	37050	37759	56655	55517

资料来源：2009 中国科技统计年鉴. 北京：中国统计出版社，2009。
注：① 2005 年及以前为国家科技攻关计划，自 2006 年起为国家科技支撑计划。
② 2001—2005 年数据包括交通运输领域。
③ 2001—2005 年数据包括环境领域。
④ 2001—2005 年数据包括城镇化与城市发展领域。

表 4.10　国家重点基础研究发展计划(973)中央财政拨款

单位：万元

项目	2001	2002	2003	2004	2005	2006	2007	2008
合计	58930	68587	80000	89700	98297	135419	164581	190000
农业	9970	8553	9442	10529	10883	11117	14537	16982
能源	7707	6811	9001	8443	9481	9019	15615	16811
信息	7917	8080	10462	8463	11426	7978	15883	15302
资源环境	13758	10825	14988	10472	14611	12447	15318	18156
人口与健康	8921	11441	13087	16650	20921	15079	19416	26059
材料	8838	9890	11095	10605	11923	11700	16221	18889
综合交叉①	1819	12987	11027	23061	19052	16955	16138	17527
重要科学前沿	—	—	—	—	—	13597	16135	20689
重大科学研究计划	—	—	—	—	—	37527	35318	39585
其它	—	—	897	1476				

资料来源：2009 中国科技统计年鉴. 北京：中国统计出版社，2009。
① 2001—2005 年数据包括重要科学前沿。

4.3 存在的问题

4.3.1 供需预测与现实存在差距

1）需求预测

根据党的"十六大"提出在优化结构和提高效益的基础上,国内生产总值到 2020 年力争比 2000 年翻两番。按照这一目标,未来 20 年,我国经济应保持年均 7.18% 的增长速度,到 2010 年和 2020 年,我国的 GDP 总量将分别达到 18 万亿元人民币和 36 万亿元人民币以上。

国外经验显示,在工业化进程中,政府资金占全社会 R&D 经费的比例一般占 30%—50% 之间,企业资金占 40%—60% 之间,其他资金一般占 5%—10%。贾康等(2006)根据中国科技统计信息网上的数据,及《中国科技统计年鉴》相关数据推算,中国 1990、2000 年政府 R&D 资金占财政科技拨款的比重分别约为 49.4%、52.0%。同时测算结果显示,在经济发展"翻两番"和 R&D/GDP 比重目标之下,当政府资金占社会 R&D 比重 40%,财政科技拨款的 65% 用于 R&D 投入的条件下,2010 年和 2020 年所要求的财政科技拨款分别为 2250 亿元人民币和 5600 亿元人民币左右,分别占当年财政收入预测数的 4.92% 和 6.16%。[①]

2）供给能力测算

贾康等(2006)根据中国 GDP 增长目标和财政收入占 GDP 比重将继续适当提高的趋势,假定财政收入占 GDP 比重到 2010 年上升为 25%,并在其后保持相对稳定,则 2010 年前政府科技投入年均增长率高于财政收入年均增长率 1.85 个百分点,2010—2020 年每年高于财政收入年均增长率 2.41 个百分点,才能够达到 2010

---

① 贾康等,科技投入及其管理模式研究.北京:中国财政经济出版社,2006:43。

年和 2020 年财政科技投入分别为 2250 亿元和 5500 亿元的目标。2010 年之前在政府科技投入按年均增长 13.49％安排和缩小政府科技投入中非 R&D 部分比重的同时，R&D 投入需按年均17.18％的增长率安排。① 借鉴国际经验，中国政府 R&D 资金占全社会 R&D 经费的比重应在 2005—2010 年逐步提高到 40％左右的水平，2011—2020 年应稳定在 40％左右的水平。

按照中央财政收入占全部财政收入的比重由 55％到 2010 年上升为 60％，中央财政收入中用于科技投入支出的比重按 5％(2002 年实际比重为 4.92％)计算，则 2010 年和 2020 年的中央财政科技投入将分别达到 1370 亿元和 2740 亿元。按中央财政收入中用于科技投入的比重提高到 7.5％计算，则 2010 年和 2020 年中央财政科技投入将达到 2050 亿元和 4100 亿元左右，测算数据见表 4.11。②

为完成我国科技发展的总体目标，综合考虑需求和供给两方面的测算结果及应有的、可支持的发展导向，贾康等(2006)认为中国政府科技投入数量目标是：在财政收入占 GDP 比重逐步提升到 20％—25％的过程中，政府科技投入 2010 年和 2020 年分别达到 2250 亿元左右和 5500 亿元左右，占财政收入的比重分别提高到 4.92％和 6.16％左右。

3) 实际执行情况

根据表 4.11 和 4.12 的对比我们可以看出，2008 年我国 GDP、财政收入、全社会 R&D 投入及财政科技投入的实际完成情况良好，执行数远远超出预测数，但财政 R&D 投入占全社会 R&D 投入比重、财政 R&D 投入占财政科技投入的比重、财政科技投入占财政收入的比重几个重要指标都不及预测数。2008 年这几个指标分别为 23.59％、42.2％和 4.21％，而预测数分别为 37.8％、60.97％和 4.71％，相差不小。

---

① 贾康等,科技投入及其管理模式研究.北京:中国财政经济出版社,2006:44。
② 贾康等,科技投入及其管理模式研究.北京:中国财政经济出版社,2006:47。

单位:亿元

表4.11 财政科技投入、财政R&D投入测算表

年度	GDP(按年增长7.18%计算)	财政收入(2005年财政收入占GDP的比重达到21%,2010年占GDP的25%,2010年后占年GDP2.5%计保持稳定计算)	全社会R&D投入(按2010年占GDP的2%,2020年占GDP2.5%计算)	财政科技投入(按2010年财政R&D拨款占财政科技拨款的65%计算)	财政R&D投入(按到2010年占全社会R&D投入的40%计算)	财政R&D投入占全社会R&D的比重	财政R&D投入占财政科技投入的比重	财政科技投入占财政收入的比重
2000	89468.10	13395.20	895.66	575.62	299.15	33.40	51.97	4.30
2001	97314.80	16386.00	1042.50	703.30	350.54			4.29
2002	104790.60	18903.64	1287.60	816.22	410.75	32.82	51.96	4.32
2003	112314.60	21313.66	1466.71	926.32	481.30	33.76	53.65	4.35
2004	120378.80	24030.94	1670.72	1051.28	563.97	34.72	55.39	4.37
2005	129022.00	27094.64	1903.12	1193.09	660.85	34.72	55.39	4.40
2006	138285.70	30070.55	2167.85	1354.04	774.36	35.72	57.19	4.50
2007	148214.60	33373.32	2469.39	1536.70	907.37	36.74	59.05	4.60
2008	158856.50	37038.85	2812.89	1744.00	1063.23	37.80	60.97	4.71
2009	170262.30	41106.97	3204.16	1979.27	1245.86	38.88	62.95	4.81
2010	182487.20	45621.91	3649.86	2246.27	1459.87	40.00	64.99	4.92
2011	195589.80	48897.56	4000.24	2461.91	1600.01	40.00	64.99	5.03
2012	209633.10	52408.41	4384.27	2698.26	1753.61	40.00	64.99	5.15
2013	224684.80	56171.33	4805.15	2957.29	1921.96	40.00	64.99	5.26
2014	240817.10	60204.43	5266.45	3241.19	2106.47	40.00	64.99	5.38
2015	258107.80	64527.11	5772.03	3552.34	2308.69	40.00	64.99	5.51

（续表）

年度	GDP(按年均增长7.18%计算)	财政收入(2005年财政收入占GDP的比重达到21%,2010年GDP的2%,2020年后占GDP25%,2010年后保持稳定计算)	全社会R&D投入(按2010年占GDP的2%,2020年占GDP2.5%计算)	财政科技投入(按到2010年财政R&D拨款占财政科技拨款的65%计算)	财政R&D投入(按到2010年占全社会R&D投入的40%计算)	财政R&D投占全社会R&D的比重	财政R&D投入占财政科技投入的比重	财政科技投入占财政收入的比重
2016	276639.90	69160.16	6326.14	3893.37	2530.32	40.00	64.99	5.63
2017	296502.70	74125.86	6933.45	4267.13	2773.23	40.00	64.99	5.76
2018	317791.60	79448.09	7599.07	4676.77	3039.46	40.00	64.99	5.89
2019	340609.00	85152.47	8328.58	5125.74	3331.25	40.00	64.99	6.02
2020	365064.70	91226.41	9128.12	5617.82	3651.05	40.00	64.99	6.16
	2002—2010年均增长11.64%	2002—2010年均增长13.91%	2002—2010年均增长13.49%	2002—2010年均增长17.18%				
	2011—2020年均增长7.18%	2011—2020年均增长9.6%	2011—2020年均增长9.6%	2011—2020年均增长9.6%				
	2002—2020年均增长9.14%	2002—2020年均增长11.5%	2002—2020年均增长11.31%	2002—2020年均增长13.33%				

资料来源：贾康等.科技投入及其管理模式研究.北京:中国财政经济出版社,2006:48—50

表 4.12　我国财政 R&D 投入、财政科技投入实际执行情况

年份	GDP	财政收入	全社会 R&D 、投入	财政科技投入	财政 R&D 投入	财政 R&D 投入占全社会 R&D 投入比重	财政 R&D 投入占财政科技投入的比重	财政科技投入占财政收入的比重
2000	99214.6	13395.23	895.66	575.62	—	—	—	4.30
2001	109655.2	16386.04	1042.49	703.26	—	—	—	4.29
2002	120332.7	18903.64	1287.64	816.22	—	—	—	4.32
2003	135822.8	21715.25	1539.63	975.54	460.6	29.92	47.2	4.49
2004	159878.3	26396.47	1966.33	1095.3	523.6	26.63	47.8	4.15
2005	183217.4	31649.29	2449.97	1334.91	645.4	26.34	48.3	4.22
2006	211923.5	38760.20	3003.1	1688.50	742.1	24.71	43.9	4.36
2007	257305.6	51321.78	3710.24	2113.5	913.5	24.62	43.2	4.12
2008	300670.0	61330.35	4616.0	2581.8	1088.9	23.59	42.2	4.21

资料来源:2009 中国科技统计年鉴.2009 中国统计年鉴.财政 R&D 投入从 2003 年才有统计数据,来源于中国科技统计年鉴 2003—2009。

4.3.2　缺乏稳定的投入增长机制

1)总量投入不足

我国科技投入总量近年有较大增加,但与我国经济水平相比有较大差距。改革开放以来,我国经济一直保持 7%—8% 高速增长态势,但在科技对经济增长作出重大贡献的同时,科技投入水平却没有同步增长。同时,我国财政收入和财政支出规模一直呈现出大幅度增长趋势,但财政用于科技投入的增长比例却出现了下降。(详见表 4.1)。目前的科技投入总量所能支撑的只能是以跟踪、模仿为主导的依附型战略,与以自主创新

的科技发展战略相比，科技投入应从总量上成倍地增长，才有可能突破长期以来我国对国外基础技术、应用技术的路径依赖，实现自主创新。

2) 增长率达不到法定增长要求

1993 年颁布的《中华人民共和国科学技术进步法》首次将国家科技投入制度纳入科技法律体系的保障之中，为科技工作的长期、稳定发展提供了宽松的政策环境。其第七章"关于科学技术进步的保障措施"明确规定了逐步提高科技经费投入的总体水平，要求国家财政用于科技经费的增长幅度，应高于国家财政经常性收入的增长幅度。① 2007 年修订后的《中华人民共和国科技进步法》，把"加大财政性资金投入推动全社会投入稳定增长"放在更加醒目的位置。它第一次在总则中给予总纲性的规定，提出"国家加大财政性资金投入，并制定产业、税收、金融、政府采购等政策，鼓励、引导社会资金投入，推动全社会科学技术研究开发经费持续稳定增长"。修订后的《科技进步法》更加重视加大科技投入，在第六章第五十九条中做出了更加明确和具体化的规定："国家逐步提高科学技术经费投入的总体水平；国家财政用于科学技术经费的增长幅度，应当高于国家财政经常性收入的增长幅度。全社会科学技术研究开发经费应当占国内生产总值适当的比例，并逐步提高"。② 从提高科技投入的总体水平出发，强调国家财政科技投入要保持一定水平的稳定增长。从中国政府科技投入的实际看，在 1995—2008 的 14 年间，只有 7 年财政科技投入高于财政收入的增长幅度，有一半的年份达不到法定的要求。个别年份差别很大。见图4.5。

---

① 中华人民共和国科学技术部.中国科技发展 60 年.北京:科学技术文献出版社,2009:431。

② 中华人民共和国科学技术部.中国科技发展 60 年.北京:科学技术文献出版社,2009:432。

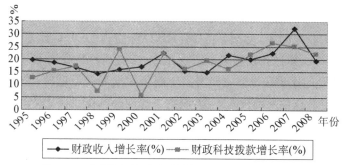

图 4.5　财政收入及财政科技投入的增长情况

资料来源:1996—2009 中国科技统计年鉴. 1996—2009 中国财政统计年鉴. 北京:中国统计出版社。

4.3.3　投入结构不合理

1) R&D 经费投入不足,投入力度过小,不能满足科技自主创新的需要

联合国教科文组织在 1971 年出版的《科学应用与发展》中把各国工业化发展的过程划分为四个阶段:工业化前阶段、工业化第一阶段、工业化第二阶段和工业化后阶段并给出了主要划分标准。通过对多个国家的 R&D 投资规模研究,得出了 R&D 投资规模的一般统计规律,工业化第一阶段国家的 GERD/GDP 大致范围为 0.7%—1.8%,工业化第二阶段国家 GERD/GDP 大致范围为 1.5%—2.5%,工业化后阶段国家的 GERD/GDP 大致范围为 2.0%—3.0%。根据三个产业之间的比重、高技术产业发展状况和科技投入的重点,专家认为中国目前大体上处于工业化第一阶段后期,正迈向第二阶段。

表 4.13 数据显示,2007 年中国的 R&D 经费投入低于美国、日本、德国、英国、法国发达国家,高于俄罗斯和韩国,位居世界第六位。从 R&D 经费占 GDP 的比重来看,我国与发达国家和新兴工业化国家的差距非常明显,2007 年我国 R&D 经费占 GDP 比重为 1.44%,虽创历史新高,但与发达国家相比还有较大距离。由表 4.13 可以看出,世界主要发达国家 R&D 经费占 GDP 的比重一般

都在 2% 以上，日本则高达 3.44%，英国最低也有 1.79%。作为新兴工业化国家，韩国 2007 年 R&D 经费占 GDP 的比重更是高达 3.47%，超过各发达国家所占比重。比较看出，我国 R&D 投入占 GDP 的比重在世界主要国家中除俄罗斯外是最低的，说明我国政府对科技创新的投入不够，制约了我国的科技创新及经济增长。

表 4.13 各国 R&D 经费投入总额及力度比较　　单位：亿美元、%

单位		2003	2004	2005	2006	2007
中国	R&D 经费（亿美元）	186.01	237.61	298.98	376.66	487.67
	占 GDP 比重	1.13	1.23	1.34	1.42	1.44
美国	R&D 经费（亿美元）	2897.36	3008.4	3238.53	3486.58	3687.99
	占 GDP 比重	2.66	2.59	2.62	2.66	2.68
日本	R&D 经费（亿美元）	1352.8	1458.76	1512.7	1485.26	1507.91
	占 GDP 比重	3.2	3.17	3.32	3.39	3.44
德国	R&D 经费（亿美元）	615.53	682.86	693.28	738.39	842.28
	占 GDP 比重	2.52	2.49	2.48	2.54	2.53
英国	R&D 经费（亿美元）	324.88	370.72	394.21	426.93	502.83
	占 GDP 比重	1.78	1.71	1.76	1.76	1.79
法国	R&D 经费（亿美元）	390.15	443.35	450.53	475.56	538.83
	占 GDP 比重	2.17	2.15	2.1	2.1	2.08
俄罗斯	R&D 经费（亿美元）	55.34	68.04	81.59	106.22	145.06
	占 GDP 比重	1.28	1.15	1.07	1.07	1.12
韩国	R&D 经费（亿美元）	160.02	193.7	235.87	286.41	336.84
	占 GDP 比重	2.63	2.85	2.98	3.22	3.47
印度	R&D 经费（亿美元）	39.47	45.26	49	—	—
	占 GDP 比重	0.8	0.78	0.61	—	—

资料来源：中国科技统计网。http://www.sts.org.cn/tjbg/tjjc/documents/2010/10041501.htm。

另外,我国高等院校 R&D 经费较少,从国际经验看,高校是 R&D 活动的主要阵地之一。我国科研机构和高等院校是基础研究的两大执行主体,但我国高等院校的科技研究潜力还没有得到充分的发掘。与发达国家相比,我国 R&D 经费分配执行结构中,研究开发机构的比例过高,高等院校和企业的比例过低。近年来,我国高等院校 R&D 人员和经费的增长速度逐年下降,其占全国总量的比例也呈相对下降趋势,2009 年已处于 1995 年以来最低水平。高等院校 R&D 人员占全国的比例已连续五年下降,2004 年占 18.4%,2009 年降至 12.0%。高等院校 R&D 经费占全国的比例,"十五"期间基本保持在 10% 上下,近几年连续缓慢下降,2009 年降到了 8.1%。因此,增加对高等院校科技研究的投入、增强高校知识创新的能力、加强高校在整个国家研究开发体系中科学研究和人才培养机制的基础保障作用,具有重大意义。

2) 基础研究经费不足,严重影响了自主创新能力的提升

在我国 R&D 投入经费持续增长的情况下,基础研究经费投入不足及其在整个 R&D 经费中投入比重偏低的现象没有得到扭转,对我国未来原始性创新和自主创新能力的提高不利。基础研究和共性应用技术研究领域投入的多少,是决定一个国家未来创新能力的基础要素。国际经验表明,美国、德国、日本等核心创新型国家经费投入结构上有着高度的一致性,R&D 强度(GERD/GDP)从 1% 上升到 2.5% 是一个为期约 15 年的快速增长期,每 5 年上升 0.5 个百分点。R&D 强度从 1% 上升到 2%,一般为期 10 年,同时,基础研究强度(GEBR/GERD)也迅速上升。如 R&D 强度达到 2% 时,美国的基础研究强度约 10%、日本 15%、德国 20%。R&D 强度从 2.0% 上升到 2.5% 的 5 年间,有些国家的基础研究强度继续增长,如美国增长到 13%。典型创新国家在基础研究的投入强度上存在着高度的一致性,基础研究投入强度都在 15%~20% 之间,各国基础研究投入强度都存在着"先迅速上升然后回落并稳定在 15%~20% 之间"的变化轨迹。

曹鹏(2002)对各国不同发展阶段的数据进行比较后发现,

R&D 经费支出中基础研究、应用研究和试验发展三类研究活动之间的支出水平具有相对稳定的比例,大约为 1.5∶2.5∶6,即基础研究在工业化的不同阶段大约占 R&D 经费总额的 15%。[1] (见表 4.14) 美国、法国、意大利等主要发达国家过去 30 多年来这三类研究活动基本稳定在这一比例区间,反映了这三类研究活动中存在相互依存的内在关系。

表 4.14　工业化不同阶段三类研究的比例　　　单位:%

	基础研究	应用研究	试验发展
工业化第一阶段	10—20	25—35	50—65
工业化第二阶段	15—25	25—30	45—60
工业化后阶段	12—16	21—26	60—65

资料来源:曹鹏.技术创新的历史阶段性研究.沈阳:东北大学出版社.2002。

长期以来,我国的基础研究所占比例一直小于 6%,这一水平与发达国家相比存在不小差距。2008 年,我国 R&D 经费支出总额中用于基础研究的比例为 4.8%,仅为美国的四分之一,日本的三分之一、法国的五分之一,意大利的六分之一及韩国的三分之一。见图 4.6。

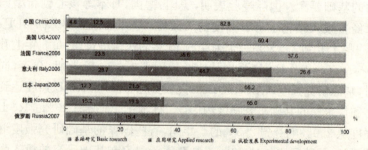

图 4.6　部分国家 R&D 经费支出活动按活动类型分所占比例

数据来源:中国科技部.OECD 研究与发展统计 2009。

---

① 曹鹏.技术创新的历史阶段性研究.沈阳:东北大学出版社.2002。

国际经验表明,基础研究的最主要阵地在高等院校。二战后,美国联邦政府对高校稳定的、高强度的经费支持使得高校成为美国最大的基础研究系统,其基础研究经费支出占全国基础研究经费的比例从20世纪50年代的不到40%迅速上升到70年代的60%左右并保持到今天。美国高校的基础研究,学科覆盖面广,侧重于物理、数学、生物技术和创新型的基础研究,科研和教学相结合的特色鲜明,在整个国家的研究开发体系中具有基础保障作用。目前,在美国、日本、德国等高校的研发执行类型中,高校是以基础研究为主,基础研究达到一半以上。从近十多年来的发展趋势看,我国高校R&D投入中,基础研究、应用研究和试验发展所占比例也呈现出基础研究所占比例逐渐上升、试验发展和应用研究所占比例下降的良好发展趋势,但是基础研究在研发中的比例仍然偏低。根据《第二次全国科学研究与试验发展(R&D)资源清查主要数据公报》中公布的数据,2009年我国R&D经费支出执行结构中,全日制普通高等院校R&D经费468.2亿元,其中:基础研究经费145.5亿元,占31.1%;应用研究经费250.0亿元,占53.4%;试验发展经费72.6亿元,占15.5%。我国高校的基础研究潜力还有待进一步充分地发掘。

科研机构是我国基础研究的又一重要部门,2009年我国政府属研究机构[①]R&D经费995.9亿元,其中,基础研究经费110.6亿元,占11.1%;应用研究经费350.9亿元,占35.2%;试验发展经费534.4亿元,占53.7%。从中可以看出,科研机构的基础研究经费占R&D经费的比例过低,造成我国的基础研究经费严重不足。

另外,我国基础研究的资金主要来源于中央政府投入,企业、高校和研发机构,甚至地方政府对基础研究的投入过少。据统计,中央财政投入占基础研究投入的80%以上,远高于美国63%的比例;企业对基础研究投入约占全国基础研究投入的5%,远低于美国的20%。在建设国家创新体系下,企业应成为创新的投入主体,

---

① 政府属研究机构包括县以上政府部门属科学研究与技术开发机构、科学技术信息和文献机构,但不包括转制院所。

但基础研究的公共产品属性使得企业不愿进行投入，过低的投入和单一的资金来源造成我国基础研究的落后，自主创新能力低下，落入"引进——落后——再引进——再落后"的怪圈。这与我国加强原始性创新、增加自主知识产权、提高竞争力特别是建设创新型国家战略目标的要求不相适应。

3）地区结构不平衡

由于区域发展的非均衡和市场力量的差异，地方科技投入总体情况不但在纵向层次上发展差距较大，在横向层次上也表现明显的不平衡，全国地区差距不断拉大。由于科技资源分布的不均衡，不少地方科技投入水平与地方的经济和社会发展不协调。一些基层县市特别是西部落后的县市，其财政科技拨款几乎难以为地区经济发展提供服务，形同虚设。

中国东、中、西部政府资金投入差距很大，2008 年东部地区的政府科技投入大约是西部地区的 2.96 倍，是中部地区的 3.65 倍（见表 4.15）。各地区间政府科技投入水平差异更大，2008 年地方

表 4.15　各地区科技经费筹集额中政府资金的投入情况

单位：亿元

年度	东部	中部	西部
2003	511.0	145.2	190.6
2004	621.8	157.8	205.9
2005	759.7	191.8	261.5
2006	849.0	221.0	297.9
2007	1071.2	291.4	340.4
2008	1180.5	323.1	398.3

资料来源：根据 2004—2009 中国科技统计年鉴.2004—2009 中国统计年鉴整理。

注：东部地区包括北京，天津，河北，辽宁，上海，江苏，浙江，福建，山东，广东和海南 11 个省区市。中部地区包括山西，吉林，黑龙江，安徽，江西，河南，湖北，湖南 8 个省区市。西部地区包括广西，内蒙古，重庆，四川，贵州，云南，西藏，陕西，甘肃，青海，宁夏，新疆 12 个省区市。

财政科技拨款绝对额最高的广东省是西藏自治区的近 100 倍。各
地区科技拨款占地方财政支出比重的差距也较大,最高的北京为
3.64％,而最低的西藏只有 0.52％。无论是地方财政科技拨款绝
对额还是其占地方财政支出比例较高的省份大多集中于东部地
区,而绝对额和比例都较低的省份大多集中在西部地区,中部地区
基本处于中游,这和各地区之间的经济实力差距是基本吻合的。
区域间科技投入的差距必将导致区域经济差距的进一步扩大,弱
化欠发达地区经济竞争力及经济的可持续发展。如果这一局面长
期继续下去,会严重影响到我国经济的均衡发展,甚至影响到国家
经济的稳定。

4) 政府对企业科技投入的直接支持力度不够

从前面大中型工业企业政府投入状况分析可以看出,我国政
府用于支持企业的科技投入无论是占政府科技投入的比重还是占
企业科技经费筹集总额的比重都过低,政府对企业的支持明显不
足。目前,我国还处在创新型国家的起步阶段,企业作为创新主体
还很不成熟,还需要政府在政策及资金上的大力支持。在一些创
新型国家,尽管企业具有较强的创新投入能力,但政府直接资助对
这些企业的创新活动仍然发挥重要作用。在美、英等国,政府将其
R&D 资金的 1/4 甚至更多投向企业,企业 R&D 支出中政府资金
所占比例超过 1/10。从国际经验判断,企业科技投入超过政府科
技投入,一般是在人均 GDP 达到 4000 美元以后,即发展中国家向
中等发达国家过渡期,而我国人均 GDP 尚不到 4000 美元。

目前,我国企业在经济规模、技术水平、融资能力等方面与国
外企业,尤其是跨国公司相差甚远。如果忽视这些现实情况,一味
将创新任务推向企业,会使创新成为企业的巨大负担,影响企业长
期的发展战略和竞争力。

5) 科技基础设施建设的投入不足

科技基础设施投入和运行费不足,在 R&D 经费支出中,日常
性支出所占比重过大,而真正用于基础设施投入的比重过小。在
《第二次全国科学研究与试验发展(R&D)资源清查主要数据公报》

公布的数据中，2009 年日常性 R&D 支出占全部 R&D 经费支出的比重为 83.9%，资本性 R&D 支出占全部 R&D 经费支出的比重仅为 16.1%，而用于购买仪器和设备的 R&D 支出仅占全部 R&D 经费支出的 12.9%。可见，R&D 经费支出中的大部分被人员经费等日常性开支所侵蚀，造成我国的科技基础设施落后。同时，在现行的财政管理体制下有些科技投入缺项：一是基础研究、公益科技投入等基础性科技设施投入不足；二是国家基本建设计划中，没有科技基础设施的稳定份额；三是基建大型项目中没有专门的研发费用。四是支持行业共性技术研究和相关公共基础设施的资金缺乏。

6）社会公益科技投入主体和执行主体缺位

在发达国家，其科研组织体系一般包括企业研发机构、大学研究机构、政府科研机构和非营利科研机构四个部分。在中国，事业单位（非营利组织）是社会公益事业的主要载体，目前中国近 5000 家国有研究与开发机构并没有解决公益事业中的科技产品供给问题，公益科技投入存在投入主体和执行主体双缺失现象。科研机构有的作为政府的一种机构执行着政府的职能，有的像企业一样从事经营、追逐利润的活动，对于具有社会公益性质的事业，却并不把其作为主要业务，造成了我国现有的公益事业科技投入供给者缺位的状态，公益类科技产品缺乏真正的供给者。

2003 年美国政府医疗保健的研发投入达 262 亿美元，占政府民用研发支出的 55.7%；2001 年日本政府科技投入预算中，生命科学投入增长 16.7%，环境科学投入增长 18.7%。相比之下，中国政府长期以来较注重经济增长方面的科技投入，忽视公益研究投入，2009 年我国 R&D 经费支出中工商业发展项目经费占 66.7%；社会发展和社会服务项目经费占 4.6%；而环境保护、生态建设及污染防治项目经费只占 2.7%。[①] 社会公益科技投入不足，将会影响我国未来社会稳定和可持续发展战略的实施。特别是涉及人类

---

① 第二次全国科学研究与试验发展（R&D）资源清查主要数据公报。

生命健康、环境保护、自然灾害等各项社会公益性科技工作长期缺乏足够的经费支持,造成环境日益恶化,对我国可持续发展形成严重的制约;公共卫生体系薄弱,造成整个社会系统抗风险能力不高;贫困人口的增加,给社会发展带来不稳定隐患;农村科研体系不健全,为农业科技成果转化及农村可持续发展带来严重的障碍。在这些领域中,企业及其他科技投入主体的力量十分有限,政府必须履行政府职责,加强公益性科技投入,才能促进社会的全面发展。

7) 政府支持企业研发活动存在结构性离差

结构性离差是指政府科技投入在行业间、企业间存在的投入差别。政府对不同所有制企业的支持力度存在较大差异,政府资金对国有企业支持力度最大,国有企业得到了 95％的政府支持企业的 R&D 资金,政府资金是国有企业 R&D 经费的主要资金来源。同时政府科技投入在对企业的直接支持上“重大轻小”,越是需要政府支持的中小企业反而所获得的政府资助越小。

4.3.4 管理体制存在缺陷

近年来,随着我国不断加大对财政科技投入,政府及有关部门也加大了对财政科技资金的监督管理力度,制定了相关的政策法规,将国家对科研机构的财政投入转变为主要以课题经费资助为主的竞争性资助,从制度上规范财政科技资金的管理和使用,促进科研单位加强管理,提高科技资金的使用效益。但在现实中仍存在一些问题。

1) 引导机制体现不够

科技计划管理体制未能完全对全社会科技资金起到引导、集成的作用。当前我国的科技计划管理体制综合性功能不是很强,国家目标、企业目标以及公众投资者目标未能有机地结合起来,单个投入主体的活动处于分割和分散状态,政府科技资金投入和社会投入没有完全形成良性互动。政府科技投入“带动”效应也不明显,我国各级政府部门的不少财政科技投入计划,都要求下级政府或企业匹配一定比例的经费,采取这种方式的初衷是调动下级政府或企业的积极性，起到"四两拨千斤"的作用。但现实中一些下级部门为了得到这种经费，先答应按要求匹配经费，至于后来能否匹配，是否到位则缺乏必要的监督，再加上一些企业财务制度不完善或缺乏必要的监督，使得财政科技投入"带动"效应大打折扣。

2）协调机制不健全

科技资金管理缺乏总体安排。我国科技项目及其资金，从来源上看，有中央财政通过科技部、国家自然基金会、国家发展改革委员会等业务主管部门安排的科研项目及其资金，有地方财政、企业根据自身发展需求对科技项目的投入，有通过国际合作从国外得到的科技资助资金。从政府支持的方向看，有的是针对基础科学前沿探索、有的针对高技术应用、还有的针对科研成果的产业化等方面的支持。科研项目的这种在立项审批方面存在的项目多元化和资金渠道多元化，需要各方信息共享，协调一致。但按照我国现行的政府科技投入体制，科技投入经费按项目分别由不同政府部门管理，科技经费的分配和项目审批权也分别由这些部门的不同处（科）室管理。这种经费管理体制，人为地割裂了科技开发过程中各环节间的有机联系，不利于财政科技经费的合理使用和高效配置。同时部门间缺乏沟通与协调，信息不对称，协同机制不健全等问题，往往导致政府科技投入资金分散或重复配置，难以围绕政府科技投入目标进行科技资源的优化配置，导致科技资源巨大浪费。

3）科技资金管理不规范

一是政府预算科目设置不合理。尽管2007年政府收支分类体系改革后，政府预算科目有所调整，但仍存在一定的问题。一些属于科技投入性质的支出项目，未纳入政府科技投入的统计范围，有些内容又交叉重复。二是科技资金的分配过程不够透明。在立项的审批和经费的分配环节，有的项目预算分配透明度不高，项目及预算公示的时间较短，公示的效果不明显；项目及预算安排和论证准备不足，行政干预较大；预算分配缺乏刚性，预算指标分配到位率低，资金拨付执行缓慢。三是预算执行不彻底。有些管理部门在执行预算时,随意调整预算科目或改变资金用途,在编制决算时弄虚作假,会计信息不真实。四是项目承担单位的财务部门对科技资金的使用疏于管理,虚设课题套取财政资金,虚列支出转移财政资金、科技资金被截留私分、挤占挪用、违规列支等违规违纪行为时有发生。

4) 科技资金使用分散

在政府科技投入的分配过程中,由于要照顾到各方面的利益,资金投入分散,重点支持不足。原本有限的财力不能集中使用,形成了"撒胡椒面"的格局,每个项目只能得到平均的小额资助,影响了重大技术研究与项目开发。同时,我国目前国家科技经费投入管理处于一种高度分散、封闭分立的状态,政府资金与非政府资金相互分立、民用科研资金和军用科研资金相互分立,科技经费的部门化、地区化特征显著,科技资金不能形成有效的配置。

5) 科技经费监管机制不完善

目前,我国对财政科技投入的资金缺乏健全的监督管理机制。有些管理部门包揽科研计划的申报、审核、立项到评估验收等全过程,容易产生"寻租"行为。而财政、审计、科技等监管部门的职责不明确,监督工作常常"缺位"或"错位",起不到应有的监管效果。此外,现行的科技经费监督工作是分别依据各个科研计划或专项资金的相关办法进行的,缺乏统一的监管规定和具体的可操作性的监管细则,监管工作随意性较大。

6) 投入方式过于单一

长期以来,我国政府对科技投入的方式过于单一化,主要采取直接的无偿拨款方式,造成资金使用单位风险意识淡薄,不仅缺失必要的约束,而且不利于政府资金使用效果的提高。应该根据科技产品的公共性及外溢性的大小,确定不同形式的政府资助方式,建立风险共担机制。

7) 缺乏科学有效的评价体系

政府科技投入绩效评价,是优化政府科技资源配置、提高科技投入管理水平和决策水平的内在要求和重要手段。目前,我国科技投入评价处于起步阶段，对政府科技投入效益评估缺乏理论研究和实践探索，缺乏规范和达成共识的评估方式和方法是影响我国政府科技投入效益的重要问题。由于政府投入效益难以用现成的定量指标来衡量，因此，衡量政府科技投入效益比衡量企业科技投入效益要复杂得多、困难得多。

这些现象的长期存在，不利于有关部门根据科技发展计划和国家战略重点及时调整科技资金在不同领域的分布和优化支出结构，不利于政府资金的优化配置；不利于重大技术研究与开发项目，以及跨部门、跨行业的大型研究项目的统筹规划，导致科技创新能力低下，科学研究总是处于低水平或重复性研究。

4.4 影响因素

4.4.1 经济增长方式影响

近年来，尽管我国的经济得到很大的发展，经济总量增加，经济增长速度较快，但我国的经济增长仍然主要依赖于土地、劳动、资本投入推动经济增长，其主要特征是规模的扩张，处于粗放型的经济增长方式，以消耗能源、破坏生态环境为代价。我国主要资源性产品消费占全球总消费的比重，明显大于国内生产总值占全球经济的比重。据有关资料统计，2009 年我国国内生产总值（GDP）占全球 8％，但消耗 15％的能源、32％的钢、30％的锌、25％的铝、23％的铜、18％的镍、54％的水泥。2007 年我国万元 GDP 能耗分别是日本的 11 倍、法国的 8 倍、美国的 6 倍。[①] 由此可以看出，我国经济快速增长在很大程度上是依靠各种资源的大量消耗来实现的。目前我国经济年增长速度为 9％～11％，而能源消耗增长为 14％～15％，能源消耗增长速度位居世界第二。

---

① 梅永红.中国科技发展的几个战略命题.科技日报,2010.7.8.

随着粗放型经济增长方式的发展,我国的空气污染、水污染、土壤污染等也变得越来越严重。目前我国酸雨面积达 30%—40%,废水排放总量为 439.5 亿吨,超过环境容量的 82%;现有荒漠化土地面积 267.7 万平方公里,占国土总面积的 27.9%,且每年仍以 1 万多平方公里的速度增加。这种粗放式的增长方式造成增长成本增加,不能有效地增加财政收入,使财政科技投入的增长受到极大限制,同时也削弱了各方进行科技创新的积极性,创新能力的不足反过来又会限制经济的增长,形成恶性循环。

4.4.2 科技体制影响

改革开放以前,我国的科技体系沿用前苏联的计划式科技体系,企业、科研机构、高等院校、国防科研相互独立,以计划来推动科技项目和任务,带动技术的转移。20 世纪 70 年代末,随着新技术革命的不断涌动,社会生产力发生巨大变革,促进了全球的经济增长和产业结构调整。国与国之间的竞争由单一的军事竞争、经济竞争转向以科技为核心的综合国力竞争。在这种背景下,我国原有科技体制存在的封闭垂直结构体系、行政化过强等弊端日益显现,1985 年 3 月,《中共中央关于科学技术体制改革的决定》出台,标志着科技体制改革全面展开,经过三次大的改革,历经 20 多年的时间,中国已初步建立起适应市场经济的科技体制,初步形成了科研院所、高等院校、企业和科技中介机构等各具优势和特色的创新主体,科技系统结构布局得到重大调整,基本改变了主要依靠行政手段管理科技工作的局面。但由于实施的是渐进的、目标不断调整的模式,致使今天我国的科技体制仍然存在诸多问题。

1) 创新主体功能定位不清,企业的创新主体地位不凸显

中国科技发展战略的重大要求是建立以企业为主体、市场为导向,产学研相结合的技术创新体系,只有以企业为主体,才能有效发挥产学研体系的力量,增强国家竞争力。企业应成为技术创新的投资主体、研究开发主体和科技成果应用主体。同时企业还应具有自己独立的研发机构,国外企业科技创新的实践表明,创新

企业必须具备完善的组织系统，尤其是要有自己的研发机构。在发达国家，80％的科研工作是在大企业中完成。但从我国现实状况看，企业并未真正成为科技创新的主体，企业创新动力不足是困扰我国提升自主创新能力的关键问题，特别是垄断性国有企业缺少创新动力与能力。目前，我国企业研发机构数量较少，约 2/3 的大中企业没有自己的研发机构，或者是研发机构不健全、技术设备陈旧落后、技术开发能力弱。据统计，2008 年规模以上工业企业有研发活动的占 6.5％，研发支出占主营业务收入 0.61％；大中型工业企业有研发活动的占 24.9％，研发支出占主营业务收入 0.84％。全国 99％的企业没有申请专利，只有万分之三的企业拥有核心技术，出口类企业拥有自主品牌的只占到 10％左右。① 大企业尚且如此，数百万的小型企业更没有技术开发能力和条件，也没有可依托的技术开发实体。同时，在基础性研究、行业共性技术研发方面，企业间没有广泛建立和形成科技创新的战略联盟或协作关系，同一课题重复立项、重复投资、科技资源低水平重复浪费严重。另外，我国在产学研结合方面，由于创新主体功能定位不清，各部门都致力于无限延伸自己的创新功能，导致创新活动的重复分散和无序竞争，尚未真正形成国家创新体系所要求的完整、高效的创新链。

2）现代科研院所制度尚未建立，行政化管理严重

科研机构是我国科技创新的重要力量，科技体制改革的一个目标是要放活科研院所，使它在科技发展中起到更积极的作用，党的十六大提出了要建立"职责明确、评价科学、开放有序、管理规范"的现代科研院所制度，但在现实中政府所属科研院所基本上还是行政化管理，没能真正建立起现代院所制度所要求的理事会管理制度。部分科研机构职责定位不清、力量分散、创新投入动力不足，严重影响了科研机构的创新能力。

---

① 梅永红.中国科技发展的几个战略命题.科技日报,2010.7.8。

3）市场化趋势制约了社会公益科技的发展

由于改革以市场生存能力为判断标准,使一些市场效应不明显的研究,如基础研究受到冲击,因其成果难以直接应用,其课题经费又少,吸引不了一流的人才。甚至有些科研机构也转向企业化生产,办起了工厂和生产线,过分追求经济效益。同样,由于公益类研究机构的研究短期内不能产生经济效应,使公益性科研成果严重供给不足,远远无法满足全社会对于公益性公共产品和服务的基本需求。据统计,我国公益类科研机构有 2400 多个,分属于不同的部门和地方,自成体系、分散重复,整体运行效率不高。

4）科技管理体制没有理顺

科技体制条块分割,从中央到地方、各级政府、不同部门都设有自己的科研机构。无论是国家层面还是地方层面,没有真正建立起完善的协调机制。科技宏观管理各自为政,各部门之间、地方之间、部门与地方之间、军民之间缺乏沟通协调,九龙治水、"政策打架"现象普遍。科技资源配置方式单一,不能适应科技发展新形势和政府职能转变的要求。科技管理体制的这些问题,直接影响政府科技投入的规模与结构,造成科技资金的不配套,政府资金使用效率低下等。

4.4.3 财政分权的影响

1994 年中国分税制改革,明确了中央和地方政府的收支职责,给予地方政府较大的财政收支权力。近年来,国内外学者对中国事实上的财政分权体制给予了高度关注,并认为中国改革开放以来的经济发展本质是利益于财政分权。从理论上说,财政分权应导致社会福利的增进,但一些研究发现,财政分权有时反而阻碍了科技的发展。主要原因是我国现有的财政分权体制不规范、程度不合理。

在规范性的财政分权体制下,从收入上看,财政分权的提高会使地方政府获得更多的财政收入,有更多的可支配资源,科研部门相应地可以获得更多的经费支持,从而提高科技水平。从支出上看,由于科技具有公共产品性质,具有非竞争性和非排他性,具有较强的溢出效应。因此,即使本地政府不进行科技投入,企业也可能从其他地区获得一样的科技产品,导致一些地方政府"搭便车"行为的存在,减少本地区的科技投入,将本应用于科技的经费投入到其他支出(如经济建设支出、行政管理支出等)中,导致科技经费供给不足。

我国 1994 年的分税制改革一定程度上建立了制度化的政府间分权体系,但整个分权制度存在一些缺陷,各级政府之间责权利的设置存在一定程度的不合理与不匹配。财政分权制度的不规范,对收入来说,地方政府可能不能获得独立的税权,使地方政府的收入低于应有的水平。在低位的财政收入水平上,地方政府不能担负得起促进经济增长和提高社会服务质量的双重任务,在收入有限的情况下,科技支出只能让位于必要的行政运转支出。如我国的西部经济落后地区普遍存在这种情况。从支出上看,对地方政府考核机制的不健全,导致地方政府缺乏对科技投入的内在动力,往往采取短视行为,将有限的财政收入大量投入到改善投资环境等基础设施的建设中。

4.4.4 财政支出结构影响

目前我国的财政支出结构十分不合理,财政科技拨款额与经济建设支出和行政管理费相比明显偏少。从图 4.7 可以看出,1990 年至 2006 年间,财政科技拨款占财政支出的比重最高年份1992 年也只有 5.06%,而大部分年份在 4%左右徘徊。而经济建设支出占财政支出的比重长期以来在 1/3 以上,单纯消费型的行政管理支出则呈现出逐年上升趋势,由 1991 年的 12.22%上升到2006 年的 18.73%,我们经常可看到"中国行政管理支出世界第一"或"中国行政管理支出居世界之首"方面的文章。由此可见,在财政支出结构中,科技支出占的比重过小。因此,只有优化财政支出结构,逐步减少政府对于经济建设的干预,节约行政管理支出,用这两方面的节约额来加强政府科技投入。

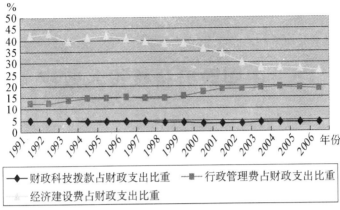

**图 4.7 财政科技拨款、行政管理费及经济
建设费占财政支出的比重情况**

注:2007 年政府收支分类体系改革后,行政管理费和经济建设费科目有所调整,为了数据的可比性,本数据只选取到 2006 年。

资料来源:2007 中国科技统计年鉴、2007 中国财政统计年鉴. 北京:中国统计出版社.

5 中国政府科技投入效应

宏观经济学理论中一直有货币主义与凯恩斯主义之争,这种争论同样延伸到企业科技投入和政府科技投入作用的讨论。凯恩斯主义认为政府的公共投资对私人投资存在乘数效应,货币主义者认为政府的公共投资必然会对私人投资产生替代作用,加大公共投资必然会挤掉私人投资,从而产生"挤出效应"。同时,政府科技投入对科技产出、经济增长及高新技术产业的发展有何影响,一直是学者们致力研究的问题,为了考察我国政府科技投入对企业科技创新的引导、科技产出的促进、对经济增长及产业发展的影响,本章采用不同的计量方法实证分析政府科技投入的效应。

所谓政府科技投入效应,是指政府主导的科技投资的增加和减少带来的不同领域效果的变化。在不同的领域政府科技投资效应的表现不同,作用机制也不一样。

5.1 引导企业创新效应

5.1.1 触发效应与挤出效应

政府科技投入的触发效应(也称诱导效应、激励效应或互补效应)是指政府科技投入将带动其他投资主体(尤其是企业)对科技创新活动的投入并在一定程度上具有正相关,即政府财政对科技创新活动关注越多、投入与支持越多,其他投资主体所受到的激励越大,相应地亦将有更多的科技投入。正常情况下,政府以外的其他投资主体同样存在对科技投入的投资需求,但受到一定的约束或限制,政府科技投入的增加能够激发这一需求与潜能,从而使科技投入的广度、深度和宽度增加。

学者们将其主要原因归结为三个方面:第一,政府作为科技政策的制定者,拥有更多的政策信息、制度信息、市场信息等而使得投资的方向性和主动性更为明确,特别是政府科技投入的活动领域可以揭示出政府从科技、经济、社会协调发展的角度出发所选择的重点扶持方向和领域,对于其他科技投入主体具有重要的方向引导和目标锁定等作用;第二,政府科技投入的力度可以反映政府的科技创新意识以及科技创新决心,将为其他投资者树立科技投入的信心;第三,由于科技创新需要投入巨大的资金,单靠政府或者企业往往难以完成,政府科技投入产生的引导效应,有效激发社会各界科技投入与政府共同分担风险的积极性。因此,政府科技投入能够有效地吸引民间资本参与科技活动,以多种方式、多个途径筹集和增加科技资金投入。政府科技投入的触发效应带动了科技投资主体的多元化,在一定程度上促进了全民科技创新的热情与信心。

挤出效应(也称替代效应)是指政府对科技的投资会导致其他投入主体的科技投资减少,从而部分或全部抵消政府科技投入的扩张效果。

学者们将其主要原因归结为两个方面:一方面是政府对科技进行投资可能会增强其他投资主体为获取政府科技投入而展开不必要的竞争,政府科技产出在刺激政府科技投入下一轮投资热情的同时在一定程序上也增加了其他投资主体对科技创新投入的隋性。另一方面是当政府以公共资金直接取代其他投资主体的科技投资,特别是在政府投入领域与企业投入领域间缺乏准确、清晰定位时,政府的科技投资可能会支持一些本应由企业进行的科技投资,政府科技经费的增加降低了企业的科技投入,使企业产生依赖政府的思想,从而减少创新投入。

5.1.2 引导企业创新效应的理论研究

关于政府科技投入对企业科技投入的影响问题,国外学者主要从微观和宏观两个层次测度其效果。微观分析侧重研究政府科学投入对企业科技投入行为的影响。据 Guellec(2003)对微观层次研究的文献综述表明，由于国外学术界对微观层次的研究方法存在一定的争议，尚未形成统一的研究范式，因些研究结论也不尽相同。

而宏观分析则集中于产业和国家层面上，重点探讨政府科技投入对企业科技总投入的影响，研究结论相对统一。国外主要研究者及研究结论见表 5.1。

表 5.1　国外政府 R&D 资助政策效果研究

研究角度	研究者	资助期间	样本来源	净效应(弹性)
微观层次	Shrieves(1978)	1965	美国	挤出(−0.53)
	Carmichael(1981)	1976—1977	美国	挤出(−0.08)
	Higgins(1981)	1977	美国	挤出(−0.13)
	Lichtenberg(1984)	1967，1972，1977	美国	挤出(−0.22)
	Wallsten(2000)	1990—1992	美国	挤出(−0.8)
	Holemans 等(1988)	1980—1984	比利时	诱导(0.36)
	Antonelli(1989)	1983	意大利	诱导(0.31—0.37)
	Klette(1987)	1987—1989	挪威	诱导
	Toivanen(1998)	1989，1991，1993	芬兰	大企业挤出，小企业诱导
	Busom(1999)	1988	西班牙	诱导(0.2)
宏观层次	Levy(1983)	1949—1981	美国	诱导(0.22)
	Levin(1984)	1963，1967，1972	美国	诱导(0.12)
	Levy(1990)	1963—1984	共9国	6国诱导，3国挤出

续　表

研究角度	研究者	资助期间	样本来源	净效应（弹性）
	Guellec 等（2000）	1983—1996	OECD17国	诱导（0.71）
	Czarnitzki 等（2001）	1996—1997	德国	诱导（0.1）
	Lach（2002）	1991—1995	以色列	小企业诱导
	Czarnitzki（2004）	1985—1997	法国	诱导

资料来源：Guellec，et al.（2003），David，et al.（2000），Klette，et al.（2000），Czarnitzki（2004）.

近年来，西方学者又对 2004 年以前的微观层面文献的研究结果和研究方法进行了统计（见表 5.2）。从中可以看出互补关系和替代关系基本相当。通过对 2004 年以前的宏观层面文献的研究结果和研究方法进行的统计（见表 5.3）可以看出，西方学者在宏观层次研究中的结论相对比较一致，主要为互补关系。

表 5.2　微观层面研究结果与方法统计

微观层面	回归结果			样本数据类型		
	互补关系	替代关系	无显著关系	截面数据	时间序列数据	追踪数据
研究样本数	17	11	10	13	0	5
比重（%）	44.74	28.95	26.32	72.22	0	27.73

资料来源：Jose. Do public subsidies complement business R&D? A meta-analysis of the econometric evidence. Blackwell Publishing，2004(2).

表 5.3　宏观层面研究结果与方法统计

宏观层面	回归结果			样本数据类型		
	互补关系	替代关系	无显著关系	截面数据	时间序列数据	追踪数据
研究样本数	21	6	9	2	5	5
比重（%）	58.33	16.67	25	16.67	41.67	41.67

资料来源：Jose. Do public subsidies complement business R&D? A meta-analysis of the econometric evidence. Blackwell Publishing，2004(2).

国内的研究中，绝大多数学者认为我国政府的 R&D 投入会促进企业 R&D 支出，如陈昭峰、王娅莉、陈雷、师萍等；少数学者也探讨了政府 R&D 投入的挤出效应，如姚洋、刘凤朝等。

5.1.3　引导企业创新效应的影响因素

1）政府科技投入规模影响

政府科技投入可能产生激励效应和挤出效应两种截然相反的效果，这两种效应的产生和政府投入的规模有关，如果财政对企业 R&D 的资助维持在一个适当的规模，则在一定程度上能够消除挤出效应。

多米尼奇（Dominique）和布鲁诺（Bruno）（2000）研究了 17 个 OECD 国家（1981—1996）政府科技投入对企业支出的影响（互补效应和替代效应），认为政府对企业 R&D 活动进行资助和提供税收优惠将激励企业增加其 R&D 投入，但政府直接投资和政府税收优惠的作用是相互替代的（而早期研究认为二者作用是互补的），同时还发现，这种激励效应与政府对企业研发的资助率（即政府资助企业研发的金额与企业研发支出的比例）的关系呈"倒 U 型"曲线（见图 5.1），即这种互补效应随着政府对企业研发的资助率增加而增加，到达一个临界点后，这种效应随着资助率的增加而减少，但这个资助率继续增加，超过一定比例时，政府的资助将会对企业研发支出产生替代效应。[①] 多米尼奇和布鲁诺认为在 OECD 国家中，政府科技投入的激励作用要大于替代效应。

由图 5.1 可见，政府资助比重达到 15％左右时，其短期影响的激励效应达到最大值，而长期影响的最大值为 20％左右，说明资助政策的影响有明显的时滞性。综合考虑短期影响和长期影响，可以看出资助规模在 11％—19％时能够产生最大的激励效应，资助规模过大时激励水平降低，最后可能产生挤出效应。

---

① Dominique Guellec & Bruno Van Pottlesberghe, The Impact of Public R&D Expenditure on Business R&D. DECD Working Paper 2000.

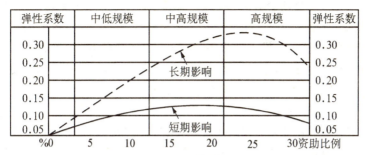

图5.1 私人R&D对政府资助规模的估计弹性系数

资料来源: Dominique Guellec, Bruno van Pottelsberghe de la Potterie. Does government support stimulate private R&D? OECD Economic Studies. 1999.

2) 不同的政府科技投入工具的影响

OECD根据其成员国1981—1996年间的有关数据检验了科技外溢、政府直接资助、税收政策等所有财政政策工具的有效性以及政策之间的相互关系,研究表明:不同的财政政策工具对于企业R&D投入产生不同的效果。第一,政府对R&D的直接投入对企业R&D有激励效应,政府投入1元可以产生1.7元的R&D投入;第二,政府直接投入和税收是相互替代的,增加其中一种政策工具的强度,会减少另一种对企业R&D投入的政策效果,但政府对企业直接投入的影响比起税收政策对企业的影响持续时间更长;第三,政府实验室和大学的研究会排挤私人R&D投入,部分原因是由于政府投入使研究成本提高,另一方面是由于在参与国防研究方面,政府实验室和大学比企业有更多的机会,使企业受到一定程度的排挤,间接导致企业R&D投入的减少。[①]

3) 政府科技投入政策的稳定性影响

政府投入政策的稳定性对于政策效应也存在一定的影响。凯普荣和波特斯波以西方七国1973—1990年间R&D资助率(政府

① Dominique Guellec, Bruno van Pottelsberghe. The Impact of Public R&D Expenditure on Business R&D. Economics of Innovation and New Technology, 2003 (12):225.243.

R&D投入/全社会R&D投入）年增长率的标准差为不稳定变量，分析政府投入的稳定性对投入效果的影响，结果表明：政府的科技资助政策越稳定，投入效果越好；投入比例变化越大，资助效果越不理想，但这种影响的显著性会因为国家的不同而不同，如七国集团中德国和日本企业的R&D投入对资助政策稳定性的弹性系数为负，但其显著性较低。[①]

企业研发带来的技术风险和市场风险是抑制企业R&D投入的重要因素，而政府科技资助政策的不稳定性则增加了企业风险。投入水平的不稳定有可能导致企业对未来资金来源的稳定性预期，从而采取谨慎的态度进行R&D投入。因此，政府科技投入的稳定性是影响其政策效应的重要因素。

4）企业性质的影响

企业的性质会影响政府科技资助的政策效应。Lach(2002)估计了政府研发投入激励企业创新行动的效应。通过分析20世纪90年代的以色列制造业的经验数据研究发现：来自政府的投资极大地激励了小企业的创新行为，但对于大公司的创新行动激励效应不显著。1个单位政府支出激励小企业11个单位的创新投入；同时，由于公共支出一般流向大企业，1个单位的政府支出会不显著地激励0.23个单位的大公司的创新投入。[②]

5.1.4 引导企业创新效应的实证分析

从我国目前的经济形势看，随着对科技投入需求的增加，政府财政也面临较大的压力，如何充分发挥政府有限的财力，有效地通过刺激私人部门投资，带动全社会科技投入的增加，成为目前政府

---

① Capron, H., Van Pottelsbergue. Public support to business R&D: a survre and some new quantitative evidence. OECD Policy evaluation in innovation and technology. Towards best practices, Paris. 1997:181.

② Lach S. Do R&D subsidies stimulate or displace private R&D, evidence from Israel. The Journal of Industrial Economics. 2002.

关注的理论与实际问题。本书以 1991—2008 年我国政府与企业科技投入为例,运用计量经济模型从宏观层面上实证检验政府科技投入的政策效应,分析政府科技投入在国家创新体系建设中的作用,全面了解政府科技投入对企业科技投入影响。

1) 变量定义、样本选取与数据来源

本实证研究的目的主要是在于探讨我国政府科技投入对企业科技投入的影响,因此,本书分别采用政府对企业直接的科技资助(以变量 GTEC 表示,亿元)、政府对研发机构科技投入(GINRD,亿元)和政府对高等院校科技投入(GEDURD,亿元)作为自变量,以反映企业科技投入情况的两变量——企业科技经费筹集(CTE,亿元)和企业自身科技投入(CRD,亿元)——作为因变量,来研究政府科技投入对企业科技投入影响效应。

本书采用 1991—2008 年的时间序列数据,从数据的真实性和完整性上考虑,数据全部来自历年的《中国科技统计年鉴》。政府对企业直接的科技资助、企业自身科技投入的数据分别来自大中型企业项下的科技活动经费筹集额中的政府资金和企业资金,企业科技经费筹集额来自于大中型企业的科技活动经费筹集额[①],政府对研发机构科技投入和政府对高等院校科技投入分别来自研发机构及高等院校的科技活动经费筹集额中的政府资金。

2) 实证检验方法

为了检验我国政府科技投入对企业科技投入是否存在激励效应或挤出效应,本书拟使用平稳时间序列进行回归分析:以反映企业科技投入情况的两变量 CTE 和 CRD 作为因变量,以反映我国政府科技投入情况的 GTEC、GINRD,和 GEDURD 作为自变量进行回归,考虑到原时间序列可能是非平稳的,首先对各变量序列进行平稳性检验,如果是非平稳的,则检验各变量的增长率序列是否平稳,如果是平稳的,则建立基于增长率变量的回归分析,即

---

① 在我国的统计年鉴中,只有大中型企业的数据比较完整,因此本部分数据采用大中型企业的数据。

$$CRDGR_t = \beta_0 + \beta_1 GEDURDGR_t + \beta_2 GINRDGR_t + \\ \beta_3 GTECGR_t + \varepsilon_t$$

$$(5.1)$$

$$CTEGR_t = \beta_0 + \beta_1 GEDURDGR_t + \beta_2 GINRDGR_t + \\ 和\ \beta_3 GTECGR_t + \varepsilon_t$$

$$(5.2)$$

其中，GTECGR、GINRDGR、GEDURDGR、CTEGR 和 CRDGR 分别是对应于 GTEC、GINRD、GEDURD、CTE 和 CRD 等的增长率变量。增长率按以下公式计算得出：

$$r = \frac{x_t - x_{t-1}}{x_{t-1}}$$

$$(5.3)$$

其中，r 为增长率，x 表示某变量，t 为时期标志。

3）实证检验结果与分析

（1）数据平稳性检验。本书首先对序列 GTEC、GINRD、GEDURD、CTE 和 CRD 等进行 ADF 单位根检验，如果序列是非平稳的，则对其增长率变量 GTECGR、GINRDGR、GEDURDGR、CTEGR 和 CRDGR 继续进行单位根检验，结果如表 5.4。

表 5.4　各变量的单位根检验

变　　量	ADF 统计量	概率值	结论
GTEC	3.902352	1.0000	非平稳
GINRD	1.678261	0.9999	非平稳
GEDURD	1.729948	1.0000	非平稳
CTE	5.321150	1.0000	非平稳
CRD	5.474832	1.0000	非平稳
GTECGR	−5.581573**	0.0116	平稳
GINRDGR	−5.687957***	0.0018	平稳

变　量	ADF 统计量	概率值	结论
GEDURDGR	−4.513890**	0.0131	平稳
CTEGR	−3.909857**	0.0102	平稳
CRDGR	−3.764707**	0.0144	平稳

注:*** 表示在 1% 的置信水平上显著;** 表示在 5% 的置信水平上显著。

表 5.4 的结果表明,变量 GTEC、GINRD、GEDURD、CTE 和 CRD 是非平稳的,其增长率变量 GTECGR、GINRDGR、GEDURDGR、CTEGR 和 CRDGR 则是平稳的。

(2) 回归分析。基于回归式 5.1 和式 5.2 对我国政府科技投入对企业科技投入影响效应进行回归分析,模型估计结果如表 5.5、表 5.6 所示(为消除序列相关,在回归式中加入了移动平均项 MA(1))。

表 5.5　政府科技投入对企业科技投入(CRDGR)影响效应回归分析结果

因变量:CRDGR

自变量	系数	标准差	T 统计量	概率值
GEDURDGR	0.297836***	0.09093	3.27545	0.0066
GINRDGR	0.453196***	0.135011	3.356722	0.0057
GTECGR	0.126293	0.073193	1.725477	0.1101
C	0.067612	0.055137	1.226246	0.2436
MA(1)	0.997486***	0.126127	7.908587	0.0000
R-squared	0.611331	Mean dependent var		0.245923
Adjusted R-squared	0.481775	S. D. dependent var		0.124422
S. E. of regression	0.089569	Akaike info criterion		−1.74769
Sum squared resid	0.096271	Schwarz criterion		−1.50262
Log likelihood	19.85532	F-statistic		4.718652

自变量	系数	标准差	T统计量	概率值
Durbin-Watson stat	2.172027	Prob(F-statistic)		0.016092

注:*** 表示在1%的置信水平上显著;** 表示在5%的置信水平上显著。

表5.6 政府科技投入对企业科技投入(CTEGR)影响效应回归分析结果

因变量:CTEGR

自变量	系数	标准差	T统计量	概率值
GEDURDGR	0.267048**	0.095214	2.804716	0.0159
GINRDGR	0.361169**	0.135018	2.674956	0.0202
GTECGR	0.118131	0.067138	1.759523	0.1039
C	0.061152	0.056716	1.078219	0.3021
MA(1)	0.99748***	0.311334	3.203889	0.0076
R-squared	0.632658	Mean dependent var		0.21812
Adjusted R-squared	0.510211	S.D. dependent var		0.102028
S.E. of regression	0.071405	Akaike info criterion		−2.20098
Sum squared resid	0.061183	Schwarz criterion		−1.95592
Log likelihood	23.70835	F-statistic		5.166778
Durbin-Watson stat	2.088026	Prob(F-statistic)		0.011784

注:*** 表示在1%的置信水平上显著;** 表示在5%的置信水平上显著。

(3)结果分析与政策建议。上述两表中的回归结果表明,总体来看,我国政府科技投入与企业科技投入之间存在正相关关系,但政府科技投入的不同情况对企业科技投入的影响效应不同。

首先,政府对企业直接科技资助增长率(GTECGR)对于企业科技经费筹集额增长率(CTEGR)及企业自身科技投入增长率(CRDGR)的影响均不显著。说明政府对企业的直接资助对企业科技投入没有显著的激励效应或挤出效应。可能的原因是政府投入的规模对资助效果会产生一定的影响,对企业科技投入水平过高会产生挤出效应,过低则难以产生激励作用。根据国际经验,企业 R&D 支出中政府资助所占的比例与对企业 R&D 支出的影响呈"倒 U 型"的函数关系,在比例达到 13% 时激励效应达到最大,在比例超过 25% 时产生挤出效应,近年来我国的政府科技投入占 GDP 的比重仅在 0.8% 左右徘徊,总体规模较小,对企业进行的直接资助更是不仅规模小,而且波动大且不具有连续性,故激励效应或挤出效应都难以产生,政府加大科技支持力度还有很大的余地。

其次,政府对研发机构科技投入增长率(GINRDGR)和政府对高等院校科技投入增长率(GEDURDGR)对于企业科技经费筹集额增长率(CTEGR)及企业自身科技投入增长率(CRDGR))分别有显著的正效应。说明我国政府对研发机构和高等院校的科技投入对于企业科技投入有较强的激励效应。产生这一结果的原因可能有以下几个方面:一是研发机构和高等院校具有较强的创新能力,政府的资助能够直接促进研发机构与高等院校加强基础研究和共性技术研究等公共科技产品的开发与研究,产生较强的外溢效应,并通过创新网络的传播,激发企业增加科技投入,进行技术创新的积极性。二是改革开放以来,政府财政逐步加大了对科研机构和高等院校的科技投入,政府投入已占高等院校科技经费筹集总额的一半以上,2008 年达到 57.9%;政府投入更是科研机构科技经费筹集额的绝对主力,2008 年达到 87.8%。政府科技投入的增加,极大地促进了科研机构及高等院校的创新积极性,带动了这些部门加大资金投入,改善创新环境,加强与企业间的联系与合作,又进一步激发企业加大创新力度。

最后,从回归系数和显著性上来看,政府对研发机构科技投入增长率(GINRDGR)和政府对高等院校科技投入增长率(GEDURDGR)对于企业科技经费筹集额增长率(CTEGR)的效应小于其对企业自身科技投入增长率(CRDGR)的效应。说明政府对研发机构和高等院校的资助更有利于激励企业用自有资金进行科技投入，企业自有资金的变动更能反映企业投资的意愿，也反映出企业对创新需求的要求。

通过上述的实证研究可以看出：科技创新需要政府多方面的支持，在加大政府科技投入力度的同时还必须考虑投资结构，强化政府科技投入对企业科技投入的引导作用，尤其要进一步明确研发机构和高等院校在国家创新体系中的功能，使政府科技投入在企业、研发机构、高等院校三大执行主体之间，在基础研究、应用研究、试验发展等领域合理配置，提高政府科技投入效率。

5.2 激励科技创新效应

5.2.1 中国科技发展成效

经过 30 多年的改革开放，中国的科技体制和科技创新体系都有巨大的改观和进步。中国科技创新能力显著提高，主要表现在：科技综合实力大大加强；高度依赖技术进口，科技能力发展落后于经济增长的局面已经发生逆转；科技创新支撑和引领经济社会发展的能力明显增强；基础科学和前沿科学研究取得重大创新成果，一些重要科技领域与发达国家的差距正在缩小或消失，甚至在若干领域已具有重要国际影响力。

1) 科技综合实力大大加强

科技综合实力主要以一个地区科技创新能力和技术发明的基础力量，即资金、人才和设施为标准，是衡量一个国家或地区科学技术潜能的首要标准。据瑞士洛桑管理学院发布的《世界竞争力年鉴 2007》统计，根据世界竞争力评价结果，2007 年，中国的国际竞争力在 55 个国家和地区中由 2006 年的第 17 位升至第 15 位。这是自 1994 年该报告首次收录中国以来，排名最前的一次。在"经济表现"、"政府效率"、"企业效率"和"基础设施"四个竞争力评价体系共计 20 个子要素中,科学基础设施和技术基础设施的排名分别达到第 15 位和第 27 位,分别比 2006 年提前了 2 位和 6 位。①科学和技术的国际竞争力明显提升,对我国整体竞争力的提高起到显著的推动作用。

2) 科技创新对经济社会发展的支撑作用日趋增强

近年来,中国科技创新成果对经济社会发展的影响显著,主要体现在:一是产业方面的科技创新提升了我国产业的国际竞争力。如大型液化天然气船、海上油田浮式生产储油船等的开发,大大提高了中国造船工业的国际竞争能力。二是航天科学领域的科技创新有利于保障国家安全。自主研发的"神舟"系列航天飞船的成功发射,实现了载人航天工程的重大突破。三是信息技术集成应用方面的创新促进了信息产业发展,有利于保障国家的公共安全。银河系列巨型计算机研制成功,量子信息领域避错码被国际公认为量子信息领域最令人激动的成果。四是生物科学领域的科技创新成果,促进了人民生活质量的进一步提高。

3) 科技创新促进区域经济发展

政府科技投入的最终目标是促进国家或区域的经济与社会发展,在 2009 年科技促进经济社会发展指数的排序中,上海、天津、广东、北京、福建、江苏、浙江、辽宁、山东、山西、海南排在前 11 位,同时也是高于全国平均水平(全国科技促进经济社会发展指数为 62.65%)的地区(见图 5.2)。2009 年全国科技促进经济社会发展指数比 2008 年提高了 5.63 个百分点,各地区也有不同程度的提高,河北、海南、湖北、山东等 13 个地区高于全国平均增幅,其中河北省增幅达到 7.53%,高于全国平均增幅 1.9%,只有天津市低于 2008 年水平,下降了 0.09%(见图 5.3)。

---

① 科技统计报告.科学技术部发展计划司. http://www.sts.org.cn。

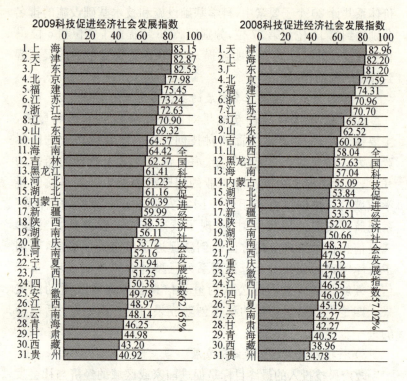

图 5.2　各地区科技促进经济社会发展指数排序图

资料来源:科技统计报告.科学技术部发展计划司. http://www.sts.org.cn。

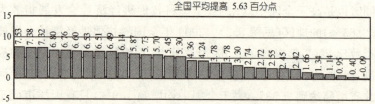

图 5.3　各地区科技促进经济社会发展指数提高百分点排序图

资料来源:科技统计报告.科学技术部发展计划司. http://www.sts.org.cn。

4）以基础科学和前沿技术研究为主的科技产出规模不断扩大

（1）专利申请受理量和授权量不断增加。专利情况是反映创新能力和水平的重要指标。为保护知识产权，鼓励发明创造，促进技术交流，我国于1985年正式实施了《中华人民共和国专利法》。《专利法》实施二十多年来，我国知识产权保护环境明显改善，科技人员知识产权意识普遍提高，专利申请受理量和授权量逐年增加。专利申请受理量是指一国一年内申请专利的受理数量，反映国家拥有自主知识产权的科技和设计成果情况，也反映科技支出在一定时期内在专利方面的产出情况。专利申请授权量是一国一年内所获得的专利授权。专利分为发明、实用新型和外观设计三种类型，申请和授权量的多少直接反映一国整体的科技创新水平。截至2008年底，我国累计共受理专利申请485.35万件，其中国内申请402.8万件，占83.0%；发明专利申请162.3万件，占33.4%。[①] 近年来，从专利申请构成来看，国内申请迅速增长，国内申请和授权结构明显优化，发明专利、职务申请比例稳步提高。专利制度在激励发明创造、推动技术创新方面发挥着越来越重要的作用。

表5.7反映了中国2003—2008年专利申请量和授权量的变化。第一，从申请量上看。在连续7年年均增长约20%的基础上继续高速增长，2008年达828328件，同比增长19.4%。在三类专利申请中，发明专利的申请量是国际通行的反映拥有自主知识产权技术的核心指标，自2003年以来呈稳步上升态势，说明我国在拥有自主知识产权技术方面不断进步。实用新型专利申请受理量也增长迅速，反映出我国在应用研究领域具有一定技术含量的技术成果总量也在快速增加。外观设计专利申请受理量2008年为312904件，较上年增长16.9%，占专利申请总量的37.8%，说明我国在应用研究领域拥有自主知识产权的外观设计成果也相当丰富。

---

① 中国科技统计资料汇编2010. http://www.sts.org.cn。

表5.7　中国三种专利申请受理量和授权量情况

指　标	2003	2004	2005	2006	2007	2008
申请受理量合计	308487	353807	476264	573178	693917	828328
发明申请受理	105318	130133	173327	210490	245161	289838
实用新型申请受理	109115	112825	139566	161366	181324	225586
外观设计申请受理	94054	110849	163371	201322	267432	312904
授权量合计	182226	190238	214003	268002	351782	411982
发明授权	37154	49360	53305	57786	67948	93706
实用新型授权	68906	70623	79349	107655	150036	176675
外观设计授权	76166	70255	81349	102561	133798	141601

数据来源：中国科技统计网http://www.sts.org.cn。

第二，从授权量上看。2008年，专利授权总量较上年增长17.1%。其中发明专利授权量同比增长37.9%；实用新型和外观设计专利授权量同比分别增长17.8%和5.8%。发明专利授权量占全年专利授权量的22.7%，而实用新型专利和外观设计专利所占比重分别为42.9%和34.4%。

第三，从国内有效发明专利上看。有效专利是指截至报告期末，专利权处于维持状态的专利。专利的有效状况，特别是发明专利的有效状况，是衡量企业、地区和国家自主创新能力和市场竞争力的重要指标。2009年，作为体现专利水平的评价指标，有效专利数据首次被纳入国家经济社会发展综合指标体系。

截至2008年底，我国的有效专利总量为119.5万件。发明专利、实用新型专利和外观设计专利所占比重分别为28.2%、39.3%和32.5%；国内有效专利和国外有效专利分别占77.3%和22.7%；国内有效发明专利为12.8万件，在国内三类有效专利中所占比重很低，仅为13.8%。相比之下，国外的有效发明为21.0

万件,占国外有效专利总量的比重高达 77.2%。①

分析发现:发明专利所占比重仍然最低,而且来自国外机构和企业的数量一直高于我国国内机构的数量,这反映出我国的整体科技实力和自主创新水平与国外相比仍存在较大的差距,政府应进一步加强对科技创新的促进。

(2)科技论文数量逐年增加。论文作为科技活动产出的一种重要形式,可以从一个侧面反映一个国家基础研究、应用研究等方面的情况,在一定程度上反映了一个国家的科技水平和国际竞争力水平。近年来,随着我国科技投入不断增加,科研水平的不断提高,科技人员在国内外发表的论文数量逐年增加,也迅速缩小了我国与世界先进水平的差距。

2008 年我国国内科技期刊上发表的科技论文达 47.2 万篇,是 1990 年的 5.3 倍。2008 年我国共在《科学论文索引(SCI)》《工程索引(EI)》《科学技术会议录索引(ISTP)》三大系统中发表论文 27.1 万篇,排名跃居世界第二位。科技论文被 SCI 引证反映一国的科学研究尤其是基础研究成果的学术水平和国际影响力,近年来随着我国不断加大对基础研究的重视,尤其是高等院校和科研机构的研究成果国际化的加强,我国在 SCI 发表论文的数量和排名不断上升。据 SCI 数据库统计,2008 年 SCI 收录中国内地产出论文 9.55 万篇,比 2007 年增加了 7.2%,占世界总数的 6.6%;论文数排名在美国、英国、德国之后,居世界第 4 位。1999 年至 2009 年(截至 2009 年 8 月)我国科技人员共发表论文 64.97 万篇,排在世界第 5 位;论文共被引用 340 万次,位列世界第 9 位,平均每篇论文被引用 5.2 次,与世界平均值 10.06 还有差距。1999—2009 年间发表科技论文累计超过 20 万篇以上的国家共有 14 个,按平均每篇论文被引用次数排序,我国只列第 12 位。②

表 5.8 反映了三大系统收录的世界主要国家和地区的论文数

---

① 中国科技统计资料汇编 2010. http://www.sts.org.cn。
② 中国科技统计资料汇编 2010. http://www.sts.org.cn。

量和位次情况。从中可以看出我国科技论文不仅在数量上大幅增长，在质量和影响力上也有显著提高。

表 5.8　2007 年部分国家（地区）论文数量和位次

国家或地区	科技论文数（篇）			三系统收录的科技论文总数（篇）	占收录科技论文总数比重（%）	位次
	SCI	EI	ISTP			
世界科技论文总数	1267528	399681	449918	2117127	100.00	
美国	387172	54865	134763	576800	27.24	1
中国	89147	75587	43131	207865	9.82	2
日本	89333	26879	33984	150196	7.09	3
英国	106805	15941	26872	149618	7.07	4
德国	93852	17064	29665	140581	6.64	5
法国	63532	13601	19683	96816	4.57	6
意大利	54894	10621	19985	85500	4.04	7
加拿大	55263	11245	16501	83009	3.92	8
西班牙	40545	10084	12007	62636	2.96	9
韩国	31392	11682	15204	58278	2.75	10
印度	32740	12238	6325	51303	2.42	11
巴西	23097	4864	6309	34270	1.62	16

资料来源：中国科学技术信息研究所. 中国科技论文统计与分析. 2008.

5.2.2　激励科技创新效应的横向分析

政府科技投入可以加快科技创新速度，提高科技创新能力。本书用地方财政科技拨款占地方财政支出的比重代表财政支出支持科技发展的力度,用综合科技进步水平指数①代表科技创新质量,横向对比我国31个省市政府科技投入对科技创新的贡献。

根据收集的数据测算出2008年我国各省市区财政支持科技的强度和综合科技进步水平指数;按照财政支持科技强度的大小和综合科技进步水平的高低,对各省市进行排序并绘制出这两项指标的位次对比图。见表5.9和图5.4。

表5.9 2008年各省市区财政支持科技力度与综合科技进步水平情况

单位:亿元、%

地区	地方财政科技拨款	占地方财政总支出比重	全国排序	综合科技进步指数	全国排序
北京	112.19	5.73	1	77.56	2
天津	28.65	3.30	5	72.54	3
河北	21.67	1.15	24	42.15	18
山西	17.64	1.34	15	41.94	20
内蒙古	15.36	1.06	27	40.34	21
辽宁	49.02	2.28	7	57.97	6
吉林	13.14	1.14	25	45.21	14
黑龙江	20.09	1.30	18	45.41	13
上海	120.27	4.64	2	78.80	1
江苏	91.52	2.82	6	59.9	5
浙江	86.79	3.93	3	56.42	7
安徽	23.78	1.44	12	39.35	23
福建	25.63	2.25	8	50.39	11
江西	11.14	0.92	29	37.68	27
山东	57.13	2.11	9	50.67	10
河南	30.44	1.33	16	38.2	26
湖北	23.06	1.40	13	51.49	9
湖南	26.59	1.51	10	44.22	15

---

① 综合科技进步水平指数是一个地区科技总体水平的反映。包括科技进步环境、科技活动投入、科技活动产出、高新技术产业化以及科技促进经济社会发展五项指标。

地区	地方财政科技拨款	占地方财政总支出比重	全国排序	综合科技进步指数	全国排序
广东	132.52	3.51	4	66.03	4
广西	16.21	1.25	21	34.36	28
海南	4.50	1.26	20	38.45	25
重庆	15.13	1.49	11	50.00	12
四川	25.82	0.88	30	42.47	16
贵州	12.99	1.23	22	32.48	30
云南	17.67	1.20	23	33.83	29
西藏	2.90	0.76	31	27.38	31
陕西	17.14	1.20	23	52.93	8
甘肃	9.47	0.98	28	40.17	22
青海	3.97	1.09	26	38.45	25
宁夏	4.33	1.33	16	41.97	19
新疆	14.84	1.40	13	42.32	17

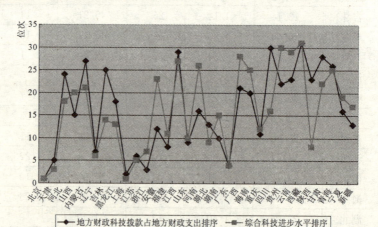

图 5.4　2008 年各省市财政支持科技发展的
力度与科技进步综合水平位次对比

资料来源：2009 中国统计年鉴. 2009 中国科技统计年鉴. 北京：中国统计出版社.
2009。各地区综合科技进步水平指数来源于 http//www.sts.org.cn。

从表5.9中可以看出,地方财政科技拨款占地方财政支出比重与地区综合科技进步水平之间存在一定的线性相关关系,图5.4显示两条曲线的走向趋势除少数省份存在一定的差异外,其他基本吻合。由此可见,科技投入是科技进步的必要条件,而科技进步是区域经济发展的主要原动力。地方政府的科技投资对本地区科技创新的拉动效应和本地的经济、科技发展水平有较强的正相关关系,经济和科技较发达地区获得的政府资金更多,政府科技投入对社会科技投入的激励效应更明显。同时,经济实力强的地区有能力加强对科技的支持,从而提高科技进步水平,反过来又会促进经济发展,从而形成一个良性循环,相反,经济实力弱的地区就会陷入恶性循环,致使经济发达地区越来越发达,经济落后地区越来越落后,两者建立在初始水平不同基础上的恶性路径依赖最终加剧区域经济的两极分化问题。

5.2.3　激励科技创新效应的纵向分析

为了验证政府科技投入和科技创新变量之间的相关关系,一般的做法是根据现有的样本资料建立比较合适的回归方程。在进行传统的回归分析时,要求所有的时间序列必须是平稳的,否则会产生"伪回归"现象问题。为了使回归有意义,同时又不忽视水平序列所包含的有用信息,格兰杰等人提供了一种处理非平稳时间序列数据的方法,即协整理论分析。协整分析是用于非平稳变量组成的关系式中长期均衡参数估计的技术,它是用于动态模型的设定、估计和检验的一种新技术。协整分析一般情况下采取的步骤是:首先对时间变量序列及其一阶差分序列的平稳性进行检验,其次是检验变量间协整关系,第三是建立协整变量与均衡之间的误差修正方程,最后再对具有协整关系的时间变量序列的因果关系进一步检验分析。协整理论与方法近年来受到众多学者、专家的青睐,因此,本书也采用这一方法进行研究。

因为专利授权量和论文检索量是反映创新能力和水平的重要指标,本书选取这两项指标为样本,分析政府科技投入对科技创新的影响比较有代表性。

1）政府科技投入对专利授权量影响效应的实证分析

政府科技投入用财政科技投入代替，采用我国财政科技拨款（TE,亿元）作为自变量，以专利申请授权量（PN,件）作为因变量，来研究财政科技投入对我国科技创新的效应。采用 1985—2008 年的时间序列数据，数据来源于历年《中国科技统计年鉴》。

（1）数据平稳性检验。为消除数据的异方差性，在实际计算中变量序列都采用对数形式，分别用 LNTE 和 LNPN 表示。

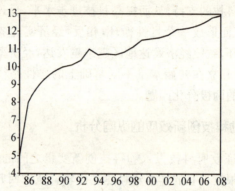

图5.5　1985—2008 年我国专利申请授权量对数的变化趋势

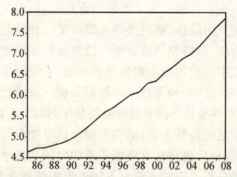

图6　1985—2008 年我国财政科技投入对数的变化趋势

图 5.5 和图 5.6 分别是 1985—2008 年我国专利申请授权量对数和财政科技投入对数的变化趋势。

　　传统计量模型是以"经济时间序列平稳"这一假设前提进行设定和估计的,但很多情况下时间序列具有非平稳性。如果直接将非平稳时间序列当作平稳时间序列来进行相关分析或回归分析,就可能会导致经济计量模型的虚假相关和虚假回归问题,即可以从本来不存在相关关系的变量之间的回归结果中得出存在相关关系的错误结论。为了解决虚假相关分析等问题,在模型中应避免直接使用非平稳变量。变量平稳性的严格统计检验方法是单位根检验,本书使用 Dickey 与 Fuller 的 ADF 单位根检验方法。ADF检验包括一个回归方程,左边为序列的一阶差分项,右边则为序列的一阶滞后项、滞后差分项,有时还包括常数项和时间趋势项:

$$\Delta y_t = \beta_1 + \beta_2 t + \delta y_{t-1} + \gamma_i \sum_{i=1}^m \Delta y_{t-i} + \varepsilon_t \qquad (5.4)$$

　　其中 Δy_t 为变量序列的一阶差分,t 是时间或趋势变量,因为时间序列数据往往具有自相关性,因而加入 Δy_{t-i} 项以消除变量自相关的影响。检验的零假设为 $H_0 : \delta = 0$。若检验结果 δ 为 0,则说明是单位根过程,序列是非平稳的,否则变量为平稳过程。在该检验中,若 ADF 统计量的值大于临界值,则接受零假设,即序列存在单位根,是非平稳序列,否则,序列是平稳的。

　　接下来对序列 LNTE 和 LNPN 进行 ADF 单位根检验,如果序列是非平稳的,则对其一阶差分变量 DLNTE 和 DLNPN 继续进行单位根检验,结果如表 5.10:

表 5.10　各变量的单位根检验

变　量	ADF 统计量	概率值	结论
LNTE	−1.464514	0.8123	非平稳
LNPN	−15.46930***	0.0000	平稳
DLNTE	−5.144719***	0.0023	平稳

注:*** 表示在 1% 的置信水平上显著。

　　表 5.10 结果表明,LNTE 是非平稳的,一阶差分后的序列

DLNTE才是平稳序列；序列LNPN是显著的平稳序列。由此可知，LNTE与LNPN不存在协整关系，对于二者之间的关系我们可以基于一般的向量自回归（VAR）模型进行分析。

（2）基于VAR模型的分析。以两平稳序列变量LNPN和DLNTE为内生变量，建立向量自回归（VAR）模型。在进行VAR检验时，首先需选取合适的内生变量滞后期，为此，我们根据赤池信息准则（AIC）和施瓦茨准则（SC）取值最小的原则确定VAR模型的滞后阶数。经过多次试验，确定最适合的滞后期为1。见表5.11所示。

表 5.11 VAR 模型估计结果

自变量 ＼ 因变量	LNPN	DLNTE
	LNPN	DLNTE
LNPN(−1)	0.893984	0.046902
	(0.05420)	(0.01073)
DLNTE(−1)	0.070975	−0.277490
	(1.05785)	(0.20942)
C	1.368400	−0.330918
	(0.50578)	(0.10013)
Log likelihood	42.86747	
Akaike information criterion	−3.351589	
Schwarz criterion	−3.054032	

注：（　）里的数字为t值。*** 表示在1％的置信水平上显著；** 表示在5％的置信水平上显著；* 表示在10％的置信水平上显著。

从VAR模型估计结果看，上一期财政科技投入的增加（DLNTE）对本期科技创新（LNPN）有正向影响，说明财政科技投入的增加对此后各期专利有正向促进作用。

（3）格兰杰因果关系检验。由于VAR模型不以严格的经济理论为依据，因此该模型所显示的经济变量中的相关未必都有经济意义上的相关关系，作为该模型的重要补充，就LNPN和

DLNTE 的关系进行格兰杰因果关系检验,结果如表 5.12。

表 5.12 DLNTE 与 LNPN 序列的格兰杰因果关系检验

滞后阶数	原假设	观测值个数	F 统计量	概率值
1	DLNTE 不是 LNPN 的格兰杰原因	22	0.0045	0.94721
	LNPN 不是 DLNTE 的格兰杰原因		19.1062	0.00033***
2	DLNTE 不是 LNPN 的格兰杰原因	21	0.07697	0.92626
	LNPN 不是 DLNTE 的格兰杰原因		1.88321	0.1843
3	DLNTE 不是 LNPN 的格兰杰原因	20	0.92683	0.45537
	LNPN 不是 DLNTE 的格兰杰原因		1.0985	0.3848
4	DLNTE 不是 LNPN 的格兰杰原因	19	1.5887	0.2515
	LNPN 不是 DLNTE 的格兰杰原因		1.09986	0.40831
5	DLNTE 不是 LNPN 的格兰杰原因	18	2.09608	0.18089
	LNPN 不是 DLNTE 的格兰杰原因		1.38807	0.33388
6	DLNTE 不是 LNPN 的格兰杰原因	17	5.18575	0.06654*
	LNPN 不是 DLNTE 的格兰杰原因		1.14831	0.46767
7	DLNTE 不是 LNPN 的格兰杰原因	16	2.01546	0.49606
	LNPN 不是 DLNTE 的格兰杰原因		24.1688	0.1554

注:*** 表示在 1% 的置信水平上显著;** 表示在 5% 的置信水平上显著;* 表示在 10% 的置信水平上显著。

从表5.12可以看出，在滞后阶数为1和6时，"LNPN不是DLNTE的格兰杰原因"和"DLNTE不是LNPN的格兰杰原因"的原假设分别被拒绝，因此，我们可以得出我国财政科技投入是促进专利取得的重要原因之一。

（4）脉冲响应分析与方差分解。由于VAR模型是一种非理论型模型，在分析该类模型时往往需要进行脉冲响应和方差分解分析作为重要补充。基于VAR类模型进行脉冲响应分析和方法分解分析应以该类模型的稳定性为条件，我们对上述VAR模型的稳定性检验如图5.7所示。

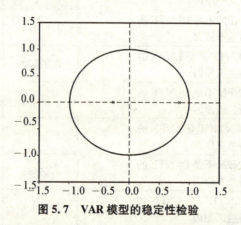

图5.7　VAR模型的稳定性检验

可以看出，该VAR模型的根都在单位圆内，因此，该模型满足稳定性条件，由此可以进一步进行脉冲响应分析和方差分解分析。

基于上述模型，我们得出LNPN对DLNTE的脉冲响应过程如图5.8所示。

由图5.8可以看出，一个标准离差的DLNTE变化对此后各期的LNPN有一个持续的正向影响，该影响在第2期达到最大，但影响幅度非常小，然后出现衰减。这说明我国的财政科技投入对专利虽然有正的效应，但效应较小。

Response of LNPN to Cholesky One S. D. DLNTE Innovation

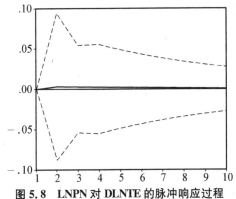

图 5.8 LNPN 对 DLNTE 的脉冲响应过程

基于上述 VAR 模型的方差分解如表 5.13 所示:

表 5.13 LNPN 的预测误差方差分解

Period	S. E.	LNPN	DLNTE
1	0.221669	100	0
2	0.297596	99.9892	0.010801
3	0.346836	99.98903	0.010974
4	0.381852	99.98833	0.01167
5	0.407841	99.98807	0.011934
6	0.427598	99.98787	0.012135
7	0.44285	99.98774	0.012264
8	0.454745	99.98764	0.012358
9	0.464092	99.98757	0.012427
10	0.471474	99.98752	0.012478

从以上方差分解结果看,DLNTE 在第 6 期能够相对稳定地解释 LNPN 变动的大约 0.12%。

(5) 结论。以上结果表明,我国财政科技投入变化是影响专利授权量变化的原因之一，但其变化导致的专利授权量的变化不大，可能的原因有以下几方面：

第一，以专利申请授权量作为科技创新的代理指标，在财政科技投入变化的情况下，由于受专利授权制度等限制，专利申请授权量的变化不一定表现出相同程度的变化。第二，我国财政科技投入主要投向科研机构和高等院校，直接投向企业的资金较少，而我国专利主要由企业获得，2008年企业获得授权的职务发明专利为22493件，占国内全部发明专利职务授权量的60.9%，实用新型国内职务授权量70242件，占全部国内职务授权量的85.7%，外观设计国内职务授权量45802件，占全部国内职务授权量的91.8%，可以看出，企业获取的专利远远大于科研机构与高等院校。第三，专利主要由自然科学研究产生，社会科学则主要以论文为成果，我国财政投向自然科学领域的投入规模较小，对自然科学的促进作用有限，因此，财政科技投入对于促进自然科学的发展进而转化为专利的促进作用较小。第四，由于我国科技体制改革尚未到位，科研机构、高等院校的行政化管理严重，财政投入资金中，超过一半以上用于部门的正常经费开支，真正用于科学研究与技术开发的资金相对较小，造成财政科技资金的使用效率低下，成果转化率较低。

2）政府科技投入对论文检索量影响效应的实证分析

本书采用我国财政科技拨款（TE，亿元）作为自变量，以国外三大检索工具（SCI、ISTP、EI）收录我国论文总数（篇）（PAPER）作为因变量，来研究财政科技投入对我国科技创新的影响效应。本书采用1991—2008年的时间序列数据，数据来源于历年《中国科技统计年鉴》。

（1）数据平稳性检验。为消除数据的异方差性，在实际计算中变量序列都采用对数形式，分别用LNTE和LNPAPER表示。

图5.9和图5.10分别是1991—2008年国外主要检索工具收录我国论文总数对数和财政科技投入对数的变化趋势。

接下来我们对序列LNTE和LNPAPER进行ADF单位根检验，如果序列是非平稳的，则对其一阶差分变量DLNTE和

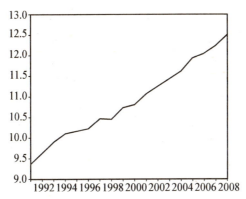

图 5.9 1991—2008 年我国论文三大检索量对数的变化趋势

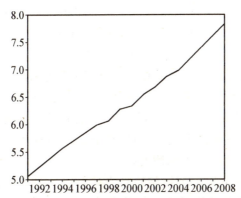

图 5.10 1991—2008 年我国财政科技投入对数的变化情况

LNPAPER 继续进行单位根检验,结果如表 5.14。

表 5.14 各变量的单位根检验

变 量	ADF 统计量	概率值	结论
LNTE	0.761821	0.9991	非平稳
LNPAPER	−0.828152	0.9401	非平稳
DLNTE	−5.286701***	0.0035	平稳
DLNPAPER	−5.445645***	0.0027	平稳

注:* * * 表示在 1% 的置信水平上显著。

　　表 5.14 中的结果表明，LNTE 是非平稳的，一阶差分后的序列 DLNTE 才是平稳序列；序列 LNPAPER 是非平稳的，其一阶差分后的序列 DLNPAPER 才是平稳序列，说明 DLNTE 和 DLNPAPER 皆为一阶单整序列，可以对财政科技投入 LNTE 与 LNPAPER 之间的长期关系进一步作协整分析。

　　（2）协整分析与误差修正模型。在现实中，经济时间序列通常都是非平稳的（带有明显的变化趋势），破坏了平稳性的假定，为了使回归有意义，可以对其实行平稳化。常用的方法是对水平序列进行差分，然后用差分序列进行回归，但这样做的结果忽视了水平序列所包含的有用信息，而这些信息对分析问题来说既是必要的又是重要的。协整理论则提供了一种处理非平稳数据的方法。Engle 和 Granger（1987）指出两个或多个非平稳时间序列的线性组合可能是平稳的。假如这样一种平稳的线性组合存在，这些非平稳（有单位根）时间序列之间被认为具有协整关系。这种平稳的线性组合被称为协整方程且可被解释为变量之间的长期均衡关系。协整分析的经济意义在于，对于两个具有各自长期波动规律的经济变量，如果它们之间是协整的，则它们之间存在着长期均衡关系，反之，则不存在长期均衡关系。

　　本书运用 Johansen 协整检验法对 1991—2008 年我国财政科技投入和论文检索数量的协整关系进行检验，两种检验结果如表 5.15 和 5.16。

表 5.15　基于迹统计量的 Johansen 协整检验结果

Hypothesized No. of CE(s)（零假设）	Eigenvalue（特征值）	Trace Statistic（迹统计量）	5 Percent Critical Value（5%临界值）	Prob.（概率值）
没有*	0.761603	29.49642	15.49471	0.0020
至多1个	0.336156	6.555336	9.164546	0.1520

注：*表示在 5%的置信水平上是显著的。

表 5.16　基于极大特征值统计量的 Johansen 协整检验结果

Hypothesized No. of CE(s)（零假设）	Eigenvalue（特征值）	Max-Eigen Statistic（极大特征值统计量）	5 Percent Critical Value（5％临界值）	Prob.（概率值）
没有*	0.761603	22.94108	15.89210	0.0033
至多1个	0.336156	6.555336	9.164546	0.1520

注：* 表示在5％的置信水平上是显著的。

从表 5.15 和表 5.16 中可以看出，在零假设 $H_0 : r = 0$ 下，Johansen 协整检验的迹统计量和极大特征值统计量皆大于5％置信水平下的临界值，因此拒绝协整向量个数为0的假设，即两时间序列之间至少存在一种协整关系。在零假设为 $H_0 : r \leqslant 1$ 时，Johansen 协整检验的迹统计量和极大特征值统计量皆小于5％置信水平下的临界值，因此不能拒绝原假设。综合以上结果，可以看出在 LNTE 序列与 LNPAPER 序列之间存在协整关系。经过标准化的协整向量（$LNPAPER$，$LNTE$，C）为（1.000000，-1.062573，-4.114780），因此，LNPAPER 序列与 LNTE 序列之间的协整关系（长期均衡关系）为：

$$LNPAPER = 4.114780 + 1.062573 \times LNTE \qquad (5.5)$$

从上述两序列 1991—2008 年的长期均衡关系模型可以看出，我国财政科技投入对论文检索数量的贡献弹性为 1.062573，即从长期看，财政科技投入对论文检索数量具有非常显著和非常大的促进作用。

基于 Johansen 协整检验估计的 LNPAPER 与 LNTE 的向量误差修正模型（VEC）如下：

$$D(LNPAPER_t) = -0.027839 \times EC_{t-1} - 0.256443 \times D(LNPAPER_{t-1})$$
$$- 0.272746 D(LNTE_{t-1}) + 0.267955$$

$$(5.6)$$

其中，EC_{t-1} 项即误差修正项，是误差修正模型的核心部分，EC_{t-1}

由 LNPAPER 序列与 LNTE 序列之间的协整关系得到：

$$EC_{t-1} = LNPAPER_{t-1} - 1.062573 \times LNTE_{t-1} - 4.114780$$

$$(5.7)$$

EC_{t-1} 表示在长期均衡的两组时间序列在短期虽然会出现一定的偏离，但通过该项可以进行纠正，而其前面的系数就表示偏离调整速度的快慢，系数的绝对值越大，调整的速度越快。在我们得到的误差修正模型中，EC_{t-1} 的系数约为 0.027839，符合所预期的反向修正机制，当短期内二者之间的关系偏离均衡时，该 EC_{t-1} 项可以对其进行修正。

（3）格兰杰（Granger）因果关系检验。本书基于 Johansen 协整检验得出的协整关系和误差修正模型实际上是以协整关系为约束的 VAR 模型。无论建立什么模型都要对其进行识别和检验，以判别其是否符合模型最初的假定和经济意义。传统的经济计量方法是以经济理论为基础来描述变量之间的关系，而 VAR 模型仅基于数据的统计性质建立模型，即它不以严格的经济理论为依据，在建模过程中只需要明确共有哪些变量之间存在相互关系，把有关系的变量包括在模型中进行参数估计。显然，该模型的缺陷在于经济变量中有一些变量显著相关，但他们未必都有经济意义上的相关关系。因此，还应基于一些方法来判断一个变量的变化是否是另一个变量变化的原因作为该类模型的重要补充。其中，格兰杰（Granger）因果关系检验就是其中的重要方法。格兰杰因果关系检验在考察序列 x_t 是否是序列 y_t 产生的原因时采用以下方法：先估计当前的 y_t 值被其自身滞后期取值所能解释的程度，然后验证通过引入序列 x_t 的滞后值是否可以提高 y_t 的被解释程度。如果是，则称序列 x_t 是 y_t 的格兰杰原因，此时 x_t 的滞后期系数具有统计显著性。即 x_t 对 y_t 是否存在因果关系的检验可通过检验以 y_t 为被解释变量的方程中是否可以把 x_t 的全部滞后变量剔除掉而完成。

为了检验我国财政科技投入是否是检索论文数量增长的原因，我们针对上述误差修正模型进行了格兰杰因果关系检验，结果如表 5.17 所示。

表 5.17　LNTE 与 LNPAPER 序列的格兰杰因果关系检验

滞后阶数	原假设	观测值个数	F统计量	概率值
1	LNTE 不是 LNPAPER 的格兰杰原因	17	2.27336	0.15385
	LNPAPER 不是 LNTE 的格兰杰原因		0.24758	0.62651
2	LNTE 不是 LNPAPER 的格兰杰原因	16	0.64921	0.54136
	LNPAPER 不是 LNTE 的格兰杰原因		1.71273	0.22514
3	LNTE 不是 LNPAPER 的格兰杰原因	15	0.61279	0.62557
	LNPAPER 不是 LNTE 的格兰杰原因		2.41095	0.14219
4	LNTE 不是 LNPAPER 的格兰杰原因	14	1.2824	0.38788
	LNPAPER 不是 LNTE 的格兰杰原因		1.74402	0.27664
5	LNTE 不是 LNPAPER 的格兰杰原因	13	31.1756	0.03137**
	LNPAPER 不是 LNTE 的格兰杰原因		1.70241	0.40998

注：***表示在1%的置信水平上显著；**表示在5%的置信水平上显著；*表示在10%的置信水平上显著。

从表 5.17 可以看出，在滞后阶数为 5 时，"LNTE 不是 LNPAPER 的格兰杰原因"的原假设被拒绝；但在各滞后阶数上，"LNPAPER 不是 LNTE 的格兰杰原因"的原假设不能被拒绝。因此，我们可以得出我国财政科技投入是推动我国论文检索数量增长的重要原因之一。

（4）脉冲响应分析与方差分解。基于 VAR 类模型进行脉冲响应分析应以该类模型的稳定性为条件，我们对上述得出的向量误差修正模型的稳定性检验如图 5.11。

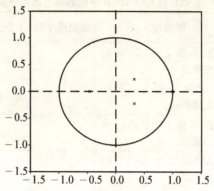

Inverse Roots of AR Characteristic Polynomial

图 5.11　VEC 模型的稳定性检验

由图 5.11 可以看出，该 VEC 模型的单位根都在单位圆内，因此，该模型满足稳定性条件，由此可以进一步进行脉冲响应分析和方差分解分析。

基于上述 VEC 模型，我们得出 LNPAPER 对 LNTE 的脉冲响应过程如图 5.12。

Response of LNPAPER to Cholesky
One S. D. LNTE Innovation

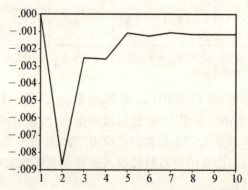

图 5.12　LNPAPERP 对 LNTE 的脉冲响应过程

由图 5.12 可以看出,LNPAPER 对 LNTE 的脉冲响应在较长时间内是一个正向影响,即一个标准离差的 LNTE 变化对此后的各期的 LNPAPER 有一个持续的正向影响,该影响在第 1 期达到最大,然后出现衰减,但衰减速度较慢,这说明我国的财政科技投入对检索论文数量有一个较长期的正效应。

基于上述 VEC 模型的方差分解如表 5.18 所示。

表 5.18 LNPAPER 的预测误差方差分解

Period	S. E.	LNPAPER	LNTE
1	0.099042	59.60407	40.39593
2	0.119238	68.4417	31.5583
3	0.141788	84.37996	15.62004
4	0.156731	89.93998	10.06002
5	0.171179	92.88326	7.11674
6	0.183831	94.4534	5.546596
7	0.195899	95.46458	4.535421
8	0.207173	96.15509	3.844906
9	0.21792	96.663	3.337003
10	0.228145	97.05075	2.949255

从方差分解表看,LNTE 在第 1—2 期能够较大程度地解释 LNPAPER 预测误差方差,随后出现下降,到第 8 期开始相对稳定的解释 LNPAPER 预测误差方差的 3%。

(5)结论。该结果表明,中国财政科技投入与论文检索量之间存在着长期均衡的正相关关系,我国财政科技投入对论文检索量的贡献弹性为 1.062573,从长期看,财政科技投入对论文检索数量具有非常显著和非常大的促进作用。一是由于科研机构与高等院校是我国论文发表的主要部门,近年来我国财政加大了对科研机构和高等院校的支持力度;二是我国对科技人员的绩效考核制度,使论文成为最主要考核指标之一，也激发了科技人员发表论文的积极性。近年来，我国论文三大检索量在世界的位次不断攀升，2008 年上升到世界第二位，财政科技投入起了重要的推动作用。

5.3 促进经济增长与产业发展效应

5.3.1 促进经济增长效应

1）改革开放以来中国经济增长趋势

为了分析政府科技投入与经济增长的关系，首先从表象上观察中国改革开放以来经济增长与财政科技投入总量的变化趋势。图5.13显示的是国内生产总值和财政科技投入的趋势图，为便于分析，财政科技投入选取单位为亿元，国内生产总值选取单位为百亿元。

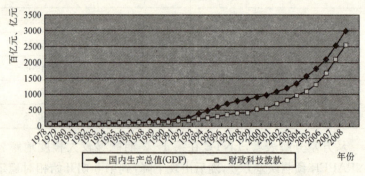

图 5.13 国内生产总值与财政科技投入的变化趋势

资料来源：1979—2009 中国统计年鉴. 1979—2009 中国科技统计年鉴. 北京：中国统计出版社. 2009。

从图 5.13 中可以看出，改革开放到 90 年代初期，GDP 与财政科技投入的增长缓慢，变化都不明显，1992 年之后，受 80 年代末的三年治理整顿结束，国家实行积极的财政政策等因素的影响，特别是邓小平南方讲话之后，全国经济迅速走出低谷，进入高速增长时期,在此背景下,各行各业的各项经济活动特别是投资活动活跃,从而为科技投入的增加创造了良好的条件。但总的来看财政科技投入的增长始终落后于 GDP 的增长。从两条曲线的变化趋势看,两者之间有着相同的增长趋势。

其次观察改革开放以来 GDP、财政支出及财政科技投入的增长率变化。图 5.14 显示,我国财政支出及财政科技投入的增长变化趋势基本与 GDP 的增长变化一致,一定程度上说明财政支出、财政科技投入与 GDP 有相同的增长趋势。

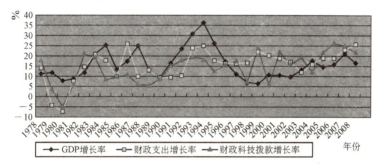

图 5.14 改革开放以来 GDP、财政支出及财政科技投入增长速度
资料来源:1979—2009 中国统计年鉴. 1979—2009 中国科技统计年鉴. 北京:中国统计出版社. 2009。

2)促进经济增长效应的实证分析

本书利用协整理论与方法,对样本期内(1978—2008)我国政府科技投入指标与 GDP 增长的关系进行检验。

(1)数据平稳性检验。本书采用财政科技拨款(TE,亿元)作为自变量,以反映宏观经济总量指标的国内生产总值(GDP,亿元)作为因变量,来研究政府科技投入对我国经济增长的贡献。采用1978—2008 年的时间序列数据,数据分别来源于《中国科技统计年鉴》和《中国统计年鉴》。为消除数据的异方差性,在实际计算中变量序列都采用对数形式,分别用 LNTE 和 LNGDP 表示。

图 5.15 和图 5.16 分别是 1978—2008 年我国国内生产总值和财政科技投入对数的变化趋势,可以看出这两个时间序列带有明

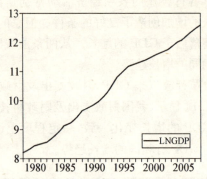

图 5.15　1978—2008 年我国国内生产总值对数的变化趋势

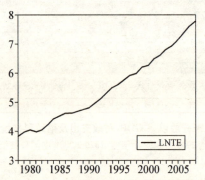

图 5.16　1978—2008 年我国财政科技投入对数的变化趋势

显增长趋势,可能是序列非平稳的。

本书首先对序列 LNTE 和 LNGDP 进行 ADF 单位根检验,如果序列是非平稳的,则对其一阶差分变量 DLNTE 和 DLNGDP 继续进行单位根检验,结果如表 5.19。

表 5.19　各变量的单位根检验

变　　量	ADF 统计量	概率值	结论
LNTE	-0.305116	0.9867	非平稳
LNGDP	-2.981600	0.1541	非平稳
DLNTE	-5.087671***	0.0016	平稳

变　　量	ADF 统计量	概率值	结论
DLNGDP	−3.418296**	0.0195	平稳

注：＊＊＊表示在 1％的置信水平上显著；＊＊表示在 5％的置信水平上显著。

表 5.19 中的结果表明，LNTE 和 LNGDP 序列都是非平稳的；而一阶差分后的序列 DLNTE 和 DLNGDP 都是平稳序列，说明 DLNTE 和 DLNGDP 皆为一阶单整序列。可以对政府科技投入与 GDP 之间的长期关系进一步作协整分析。

（2）协整分析与误差修正模型。本书运用 Johansen 协整检验法对 1978—2008 年政府科技投入和国内生产总值的协整关系进行检验，两种检验结果见表 5.20 和表 5.21。

表 5.20　基于迹统计量的 Johansen 协整检验结果

Hypothesized No. of CE(s)（零假设）	Eigenvalue（特征值）	Trace Statistic(迹统计量)	5Percent Critical Value(5％临界值)	Prob.**（概率值）
没有*	0.413123	15.49586	15.49471	0.0500
至多1个	0.001399	0.040600	3.841466	0.8403

注：*表示在 5％的置信水平上是显著的。

表 5.21　基于极大特征值统计量的 Johansen 协整检验结果

Hypothesized No. of CE(s)（零假设）	Eigenvalue（特征值）	Max-Eigen Statistic（极大特征值统计量）	5Percent Critical Value（5％临界值）	Prob.**（概率值）
没有*	0.413123	15.49586	14.26460	0.0323
至多1个	0.001399	0.040600	3.841466	0.8403

注：*表示在 5％的置信水平上是显著的。

因此，LNGDP 序列与 LNTE 序列之间的协整关系为：

$$LNGDP = 10.29244 + 0.018262 \times LNTE \tag{5.8}$$

从上述两序列 1978—2008 年的长期均衡关系模型可以看出，我国政府科技投入对 GDP 的贡献弹性为 0.018262，长期看，政府科技投入对经济增长有一定的促进作用。

根据 Engle 定理，如果一组变量之间存在协整关系，则协整回归可以转换为误差修正模型，本书基于 Johansen 协整检验估计了 LNGDP 与 LNTE 的向量误差修正模型（VEC），从中得出我国 GDP 增长随着政府科技投入改变的短期波动向长期均衡调整的误差修正模型为：

$$D(LNGDP_t) = -0.01204632231 \times EC_{t-1} + 0.6120683467 \times$$
$$D(LNGDP_{t-1})0.3176414896 \times$$
$$D(LNTE_{t-1}) + 0.01818204536 \qquad (5.9)$$

其中，EC_{t-1} 项即误差修正项，是误差修正模型的核心部分，EC_{t-1} 由 LNGDP 序列与 LNTE 序列之间的协整关系得到：

$$EC_{t-1} = LNGDP_{t-1} - 0.018262 \times LNTE_{t-1} - 10.29244$$
$$(5.10)$$

EC_{t-1} 表示在长期均衡的两组时间序列在短期虽然会出现一定的偏离，但通过该项可以进行纠正，而其前面的系数就表示偏离调整速度的快慢，系数的绝对值越大，调整的速度越快。在我们得到的误差修正模型中，EC_{t-1} 的系数约为 -0.012，符合所预期的反向修正机制，当短期内二者之间的关系偏离均衡时，该 EC_{t-1} 项可以对其进行修正。

（3）格兰杰（Granger）因果关系检验。为了检验我国政府科技投入是否是经济增长的原因，我们针对上述误差修正模型进行了格兰杰因果关系检验，结果如表 5.22。

从表 5.22 可以看出，在滞后阶数为 7 和 8 时，"LNTE 不是 LNGDP 的格兰杰原因"的原假设被拒绝；但在各滞后阶数上，"LNGDP 不是 LNTE 的格兰杰原因"的原假设不能被拒绝。因此，得出我国政府科技投入是推动我国经济增长的重要原因之一。

表 5.22　LNTE 与 LNGDP 序列的格兰杰因果关系检验

滞后阶数	原假设	观测值个数	F 统计量	概率值
1	LNTE 不是 LNGDP 的格兰杰原因	30	0.03586	0.85121
	LNGDP 不是 LNTE 的格兰杰原因		0.05913	0.80972
2	LNTE 不是 LNGDP 的格兰杰原因	29	3.68716	0.15532
	LNGDP 不是 LNTE 的格兰杰原因		1.32952	0.45179
3	LNTE 不是 LNGDP 的格兰杰原因	28	1.46348	0.25312
	LNGDP 不是 LNTE 的格兰杰原因		0.58023	0.63447
4	LNTE 不是 LNGDP 的格兰杰原因	27	1.41954	0.26777
	LNGDP 不是 LNTE 的格兰杰原因		0.19664	0.93692
5	LNTE 不是 LNGDP 的格兰杰原因	26	1.33224	0.30361
	LNGDP 不是 LNTE 的格兰杰原因		0.25606	0.9301
6	LNTE 不是 LNGDP 的格兰杰原因	25	0.96212	0.48931
	LNGDP 不是 LNTE 的格兰杰原因		0.23478	0.95671
7	LNTE 不是 LNGDP 的格兰杰原因	24	2.88682	0.07065*
	LNGDP 不是 LNTE 的格兰杰原因		1.14665	0.41422
8	LNTE 不是 LNGDP 的格兰杰原因	23	9.4217	0.00676***
	LNGDP 不是 LNTE 的格兰杰原因		0.7604	0.64977
9	LNTE 不是 LNGDP 的格兰杰原因	22	3.68716	0.15532
	LNGDP 不是 LNTE 的格兰杰原因		1.32952	0.45179

注：＊＊＊表示在 1％的置信水平上显著；＊＊表示在 5％的置信水平上显著；＊表示在 10％的置信水平上显著。

（4）脉冲响应分析与方差分解。基于 VAR 类模型进行脉冲响应分析应以该类模型的稳定性为条件，我们对上述得出的向量误差修正模型的稳定性检验如图 5.17。

由图 5.17 可以看出，该 VEC 模型的单位根都在单位圆内，因

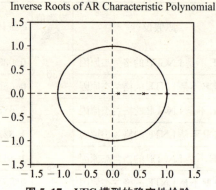

图 5.17　VEC 模型的稳定性检验

此，该模型满足稳定性条件，由此可以进一步进行脉冲响应分析和方差分解分析。

基于上述模型，我们得出 LNGDP 对 LNTE 的脉冲响应过程如图 5.18。

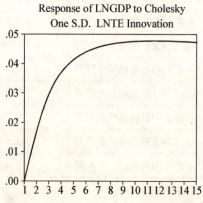

图 5.18　LNGDP 对 LNTE 的脉冲响应

由图 5.18 看出，LNGDP 对 LNTE 的脉冲响应在较长时间内是一个正向影响，即一个标准离差的 LNTE 变化对此后的各期的 LNGDP 有一个持续的正向影响，该影响在第 12 期达到最大，然后出现缓慢的衰减。这说明我国的政府科技投入对国民经济有一个较长期的正效应。

基于上述 VEC 模型的方差分解如表 5.23 所示。

表 5.23 预测误差方差分解

Period	S. E.	LNGDP	LNTE
1	0.044127	100	0
2	0.091143	96.29691	3.703092
3	0.137623	93.77473	6.225273
4	0.180972	92.23928	7.760722
5	0.220645	91.25842	8.741603
6	0.256807	90.59867	9.401333
7	0.289846	90.1353	9.864697
8	0.320182	89.79794	10.20206
9	0.348205	89.54474	10.45526
10	0.374248	89.34968	10.65032
11	0.398593	89.19595	10.80405
12	0.421473	89.07236	10.92764
13	0.443077	88.97121	11.02879
14	0.463565	88.88714	11.11286
15	0.483065	88.81628	11.18372

从以上方差分解表上看,LNTE 在第 13 期能够相对稳定地解释 LNGDP 变动的大约 11%。因此,该结果表明,我国政府科技投入变化是影响经济增长变化的重要原因之一。

(5)结论。从以上计量分析结果可以得到以下结论:

第一,中国政府科技投入与经济增长之间存在着长期正相关关系,政府科技投入对 GDP 的贡献弹性为 0.018262。政府科技投入变化是影响经济增长变化的重要原因,经济增长不构成政府科技投入的原因,从长期看,政府科技投入对经济增长具有一定的促进作用,但作用不太大。可能的原因是长期以来我国政府科技投入规模相对较小,政府科技投入占 GDP 的比重一直偏低,特别是1993—2002 年间这一比重不足 0.7‰,这与近年来发展中国家普遍水平1‰相比还有一定的差距。从我国的现实情况看,财政收入相对较少,财政支出规模有限,而科技的需求量又非常大,这一矛盾造成财政科技投入占 GDP 比重增长较为缓慢。根据中国的历史经验,财政科技投入不应该低于 GDP 的 0.8‰,否则不能很好地促进经济增长。

第二,政府科技投入对经济增长的作用存在滞后效应。政府科技投入主要用于基础研究、前沿技术研究和重大共性关键技术研究等公共科技活动,转化过程中的周期一般较长,导致了政府科技投入对经济增长的作用存在一定的滞后性,因此,在加大政府科技投入的同时,既要充分意识到政府科技投入的滞后效应,避免急于求成,也要充分考虑政府科技投入作用的时效性,提高其使用效率。

5.3.2 促进产业发展效应

1) 中国高技术产业发展状况

(1) 高技术产业发展迅速。高技术产业的发展是反映一国技术创新能力的重要方面。在国家相关政策引导和一批高技术研究成果的有力支撑下,我国以医药制造业、航空航天制造业、电子及通信设备制造业、电子计算机及办公设备制造业、医疗设备及仪器仪表制造业为代表的高技术产业保持快速增长,产业规模和出口总额均已跻身世界前列。统计结果显示,2008 年规模以上高技术产业企业实现工业总产值57087 亿元,是 1998 年的 8.2 倍,年均增长 23.4％;对全部制造业总产值贡献为 12.9％,增加值达到 13200亿元。高技术产业已成为国民经济新的增长点,对促进产业结构调整、推动经济发展方式转变起到了重要作用。见表 5.24。

表5.24 中国高技术产业及技术贸易发展情况

	2002	2003	2004	2005	2006	2007	2008
高技术产业总产值(亿元)	15099	20556	27769	34367	41996	50461	57087
占制造业的比重(%)	15.4	16.1	15.8	15.8	15.3	14.3	12.9
高技术产业增加值(亿元)	3769	5034	6341	8128	10056	11621	13200
占GDP的比重(%)	3.13	3.71	3.97	4.44	4.75	4.66	4.40
高技术产品出口额(亿美元)	678.6	1103.2	1653.6	2182.5	2814.5	3478.2	4156.1
占商品出口总额比重(%)	20.8	25.2	27.9	28.6	29.0	28.6	29.1
技术市场签订技术合同(万项)	23.7	26.8	26.5	26.5	20.6	22.1	22.6
技术合同成交金额(亿元)	884.2	1084.7	1334.4	1551.4	1818.2	2226.5	2665.2

资料来源:2009中国科技统计资料汇编,中华人民共和国科学技术部网站。

(2)高技术产品进出口贸易不断扩大。由表5.24可见,高技术产业的快速发展带动了我国高技术产品进出口贸易的不断扩大。据统计,2008年我国高技术产品进出口总额达7576亿美元,是1986年的133倍,其中出口4156亿美元,进口3419亿美元,分别是1986年的579倍和68.6倍;进出口贸易实现了由1986年的逆差42.7亿美元到2008年顺差737亿美元的转变。高技术产品出口额占商品出口额的比重是衡量一个国家技术进步程度与产业技术升级换代情况的重要标志之一,也是对科技支出在科技成果转化与应用方面有效性的直接反映,2008年高技术产品出口占商品出口总额的份额为29.1%,比1986年的2.3%增加了26.8个百分点。值得注意的是,在我国高技术产品出口中,加工贸易仍然占据主导地位,说明我国出口的大部分高技术产品是代加工产品,是发达国家高技术产业转移的结果。由于缺乏自主创新能力,核心技术及自主知识产权得不到保障,近年来我国高技术产业增加值占 GDP 的比重稳定在 4% 左右,说明 GDP 中大部分由中低技术产业提供。

(3) 高新技术产业开发区建设得到推进。1988 年,国务院开始批准建立国家级高新技术产业开发区。在国家相关政策引导和扶持下,我国高新技术产业开发区建设不断推进,区内企业不断增加,区域集聚进一步加快,产业集群加速形成。至 2008 年底,国家级高新技术产业开发区已从 1990 年的 27 个发展到 54 个,区内企业数由 1600 多家发展到 5.2 万多家,从业人员由 12.3 万人增加到716.5 万人;2008 年实现总收入和总产值分别达到 6.6 万亿元和5.3 万亿元,分别为 1990 年的 872 倍和 912 倍。高新技术园区和经济技术开发区已经成为我国高技术产业的重要集聚地,并将在经济发展中继续发挥辐射和带动作用。见表 5.25。

表 5.25   中国国家高新技术产业开发区情况

指　　标	2001	2002	2003	2004	2005	2006	2007	2008
区内企业数(万个)	2.4	2.8	3.3	3.9	4.2	4.6	4.8	5.3
年营业总收入(亿元)	11928	15326	20939	27466	34416	43320	54925	65986
净利润(亿元)	645	801	1029	1423	1603	2129	3159	3304
实交税金(亿元)	640	766	990	1240	1616	1977	2614	3199
出口创汇(亿美元)	227	329	510	824	1117	1361	1728	2015

2) 对高技术产业效应的实证分析

为了验证政府科技投入对高技术产业的影响,本书采用协整理论与方法,对样本期内(1991—2008)我国政府科技投入与高技术产业发展的关系进行检验。

(1) 数据来源及平稳性检验。本书采用财政科技拨款(TE,亿元)作为自变量,以反映高技术产业指标的高技术产品出口量(EX,

亿美元)作为因变量,来研究政府科技投入对高技术产业的影响效应。本书采用 1991—2008 年的时间序列数据,数据来源于历年《中国科技统计年鉴》。为消除数据的异方差性,在实际计算中变量序列都采用对数形式,分别用 LNTE 和 LNEX 表示。

图 5.19 和图 5.20 分别是 1991—2008 年我国政府科技投入和我国高技术产品出口对数变化的变化趋势,可以看出这两个时间序列带有明显增长趋势,可能是序列非平稳的。

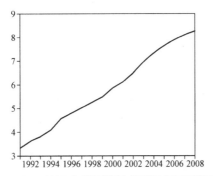

图 5.19　1991—2008 年我国高技术产品出口对数变化情况

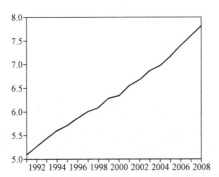

图 5.20　1991—2008 年我国财政科技投入对数的变化情况

为了避免虚假相关分析等问题,本书首先对序列 LNTE 和 LNEX 进行 ADF 单位根检验,如果序列是非平稳的,则对其一阶差分变量 DLNTE 和 DLNEX 继续进行单位根检验,结果如表5.26。

表 5.26 变量的单位根检验

变 量	ADF 统计量	概率值	结论
LNTE	0.761821	0.9991	非平稳
LNEX	−2.394051	0.3680	非平稳
DLNTE	−5.286701***	0.0035	平稳
DLNEX	−3.077551**	0.0489	平稳

注：＊＊＊表示在 1％的置信水平上显著；＊＊表示在 5％的置信水平上显著。

表 5.26 中的结果表明，LNTE 和 LNEX 序列都是非平稳的；而一阶差分后的序列 DLNTE 和 DLNEX 都是平稳序列，说明 DLNTE 和 DLNEX 皆为一阶单整序列。可以对政府科技投入与高技术产业之间的长期关系进一步作协整分析。

（2）协整分析与误差修正模型。本书运用 Johansen 协整检验法对 1991—2008 年政府科技投入与高技术产品出口额的协整关系进行检验，两种检验结果如表 5.27 和表 5.28。

表 5.27 基于迹统计量的 Johansen 协整检验结果

Hypothesized No. of CE(s)（零假设）	Eigenvalue（特征值）	Trace Statistic（迹统计量）	5 Percent Critical Value（5％临界值）	Prob.**（概率值）
没有	0.636866	18.49018	20.26184	0.0860
至多1个	0.132945	2.282447	9.164546	0.7211

表 5.28 基于极大特征值统计量的 Johansen 协整检验结果

Hypothesized No. of CE(s)（零假设）	Eigenvalue（特征值）	Max-Eigen Statistic（极大特征值统计量）	5 Percent Critical Value（5％临界值）	Prob.**（概率值）
没有*	0.636866	16.20773	15.89210	0.0446
至多1个	0.132945	2.282447	9.164546	0.7211

注：＊表示在 5％的置信水平上是显著的。

从表 5.27 和表 5.28 中可以看出,在零假设 $H_0 : r = 0$ 下,Johansen 协整检验的迹统计量大于 10% 置信水平下的临界值但小于 5% 置信水平下的临界值,其极大特征值统计量大于 5% 置信水平下的临界值,因此拒绝协整向量个数为 0 的假设,即两时间序列之间至少存在一种协整关系。在零假设为 $H_0 : r \leqslant 1$ 时,Johansen 协整检验的迹统计量和极大特征值统计量皆小于 5% 置信水平下的临界值,因此不能拒绝原假设。综合以上结果,可以看出在 LNTE 序列与 LNEX 序列之间存在协整关系。经过标准化的协整向量(LNEX, LNTE, C)为(1.000000, $-$ 1.748645, 7.409465),因此,LNEX 序列与 LNTE 序列之间的协整关系为:

$$LNEX = -7.409465 + 1.748645 \times LNTE \qquad (5.11)$$

从上述两序列 1991—2008 年的长期均衡关系模型可以看出,我国政府科技投入对高技术产品出口的贡献弹性为 1.748645,即从长期看,政府科技投入对我国高技术产业增长具有显著的促进作用。

本书基于上述 Johansen 协整检验估计的 LNEX 与 LNTE 的向量误差修正模型(VEC)为:

$$D(LNEX_t) = -0.00697196009 \times EC_{t-1} + 0.4708060857 \times$$
$$D(LNEX_{t-1}) + 0.9980747837 \times D(LNTE_{t-1})$$

$$(5.12)$$

其中,EC_{t-1} 项为误差修正项,由上述 LNEX 序列与 LNTE 序列之间的协整关系得到。EC_{t-1} 表示在长期均衡的两组时间序列在短期虽然会出现一定的偏离,但通过该项可以进行纠正。EC_{t-1} 的系数约为 -0.00697,符合所预期的反向修正机制,当短期内二者之间的关系偏离均衡时,该 EC_{t-1} 项可以对其进行修正。

(3)格兰杰(Granger)因果关系检验。为了克服 VEC 模型在经济意义解释上的缺陷,并检验我国政府科技投入是否是高技术产业增长的原因,我们针对上述误差修正模型进行了格兰杰因果关系检验,结果如表 5.29 所示。可以看出,在滞后阶数为 5 时,"LNTE 不是 LNEX 的格兰杰原因"的原假设被拒绝；但在各滞后阶数上，"LNEX 不是 LNTE 的格兰杰原因"的原假设不能被拒绝。因此，可以得出政府科技投入是推动我国高技术产业增长的重要原因之一。

表 5.29　LNTE 与 LNEX 序列的格兰杰因果关系检验

滞后阶数	原假设	观测值个数	F 统计量	概率值
1	LNTE 不是 LNEX 的格兰杰原因	30	0.41878	0.52801
	LNEX 不是 LNTE 的格兰杰原因		2.57197	0.13109
2	LNTE 不是 LNEX 的格兰杰原因	16	1.17779	0.34396
	LNEX 不是 LNTE 的格兰杰原因		1.56627	0.25203
3	LNTE 不是 LNEX 的格兰杰原因	15	1.51860	0.28250
	LNEX 不是 LNTE 的格兰杰原因		2.60776	0.12381
4	LNTE 不是 LNEX 的格兰杰原因	27	1.37212	0.36218
	LNEX 不是 LNTE 的格兰杰原因		1.26724	0.39246
5	LNTE 不是 LNEX 的格兰杰原因	26	6.08471	0.09247*
	LNEX 不是 LNTE 的格兰杰原因		0.39278	0.82722

注：＊＊＊表示在 1%的置信水平上显著；＊＊表示在 5%的置信水平上显著；＊表示在 10%的置信水平上显著。

（4）脉冲响应分析与方差分解。首先，我们对上述得出的向量误差修正模型的稳定性检验如图 5.21。

由图 5.21 可以看出，该 VEC 模型的单位根都在单位圆内，因此，该模型满足稳定性条件，由此可以进一步进行脉冲响应分析和方差分解分析。

基于上述模型，我们得出 LNEX 对 LNTE 的脉冲响应过程如图 5.22 所示。

由图 5.22 可以看出，LNEX 对 LNTE 的脉冲响应在较长时间内是一个正向影响，即一个标准离差的 LNTE 变化对此后的各期的 LNEX 有一个持续的正向影响，该影响在第 2 期达到最大，然后

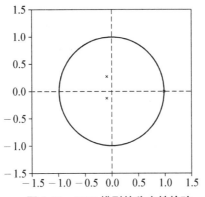

Inverse Roots of AR Characteristic Polynomial

图 5.21　VEC 模型的稳定性检验

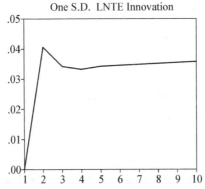

Response of LNEX to Cholesky
One S.D. LNTE Innovation

图 5.22　LNEX 对 LNTE 的脉冲响应过程

出现缓慢的衰减。

　　基于上述 VEC 模型的方差分解如表 5.30 所示。

表 5.30　LNEX 的预测误差方差分解

Period	S. E.	LNEX	LNTE
1	0.108273	100	0
2	0.18515	95.2343	4.765704

续 表

Period	S. E.	LNEX	LNTE
3	0.246087	95.35453	4.645466
4	0.306697	95.82579	4.174215
5	0.368593	96.24489	3.755113
6	0.431989	96.62471	3.375292
7	0.497218	96.95956	3.040438
8	0.564422	97.25075	2.749248
9	0.633653	97.5036	2.496401
10	0.704922	97.72353	2.276471

从表 5.30 方差分解表上看，LNTE 在第 2 期能够相对稳定地解释 LNEX 变动的大约 4.7%，随着时间的推移，该解释能力逐步递减。该结果表明，我国政府科技投入变化是影响我国高技术产业增长的原因之一。

（5）结论。从以上计量结果可以看出：在 1991—2008 年间中国政府科技投入与高技术产品出口额之间存在着长期均衡关系，从反映高技术产品出口额与政府科技投入长期均衡关系的模型可以看出，政府科技投入对高技术产品出口额的贡献弹性为 1.748645，即政府科技投入每增长 1%，高技术产品出口额将增长 1.75%。这表明从长期来看，政府科技投入对高技术产品的出口有显著的促进作用。

6 中国政府科技投入体系的完善

从前面几部分的分析可以看出,中国政府科技投入对于促进科技创新,促进经济与社会的发展有重要的贡献,但目前存在投入体系不完善、投入力度过小、投入结构不合理等诸多问题。今后应按照国家创新体系的要求,采取有效措施完善政府科技投入体系,更大地发挥政府科技投入的作用。

6.1 决策和协调机制的科学化

政府科技投入体系的完善,首先要加快推进科技体制改革,建立健全国家科技决策机制,消除体制机制性障碍,加强部门之间、地方之间、部门与地方之间、军用民用之间的统筹协调,提高整合科技资源的能力。

6.1.1 建立科学的科技投入决策机制

科技投入决策机制决定科技投入的数量规模、供给方式及效率。现代决策理论认为,公共决策系统是信息、参谋、决断和监督等子系统分工合作、密切配合的有机系统。决策可被视为一个由多个阶段和环节构成的动态的行为过程。科技投入决策机制是有关科技投入、决策活动的运行过程和工作方式所形成的相关规则和制度体系。科学的科技投入决策机制应包括多种机制:一是科技投入决策主体及其权责分配机制。应明确科技投入决策的主体及各自拥有的权力和应承担的职责,建立一种相互制约和相互协调的组织框架，提供科技投入的机构设置，它是决策的制定、执行、监督、反馈和调整的基础。二是决策前的偏好显示机制。提供科技投入决策活动所涉及利益主体反映各自需求偏好的制度装置，是决策是否合理的基础。有效的偏好显示机制能较好地反映科技产品供给利益相关主体的要求，使决策的最终结果向各方利益均衡靠拢。三是决策的程序和方法体系。不同的决策程序和方法对决策成本和决策结果有重要影响。决策时采取自上而下还是自下而上的程序对决策的效果有重要影响。四是信息沟通机制。信息不充分是公共产品私人供给无效率的主要原因，也是公共产品供给决策中委托——代理问题的根源。它包括信息搜集、信息处理、信息机构和规范的信息搜集、信息传达、信息披露的制度。

在现实中，建立科学的科技投入决策机制首先应完善国家重大科技决策议事程序，形成规范的决策机制。强化国家对科技发展的总体部署和宏观管理，加强对重大科技政策制定、重大科技计划实施的统筹。强化政府的科技决策能力，建立对政府科技投入的投向、领域、对象、规模、强度等目标的科学论证，制定政府科技投入的中长期规划以及短期计划。科技计划及重大科技事项、政府科技经费安排、重大科技资源配置要在科学论证的基础上决策。要建立健全专家咨询、政府决策立项机制，提高政府部门决策的科学性和规范性。

6.1.2 建立健全国家科技宏观协调机制

确立科技政策在公共政策中的基础地位，按照有利于促进科技创新、增强自主创新能力的目标，形成国家科技政策与经济政策协调互动的政策体系，建立部门间统筹配置科技资源的协调机制。建立联席会议制度，定期召开由财政部门、科技部门及科研单位参加的联席会议，研究确定年度科技计划经费配置、重大项目（专项）招标等事项。通过加强部门间科技资源配置的协调沟通，整合中央与地方科技资源，构建现代化、信息化的科技信息共享平台，建立起具有中国特色、功能完善的新型科技计划体系。

6.2 投向及优先序的选择

世界上任何国家不可能对所有的科研领域投入物力和财力，正如美国总统科技顾问马伯格(J. H. MARBURGER)所说:科研经费的"缺口"总是存在的,无论何时,机遇总是超越资源,这是不可避免的现实。政府科技投入应充分发挥其引导功能,在资金配置上不能采取"撒芝麻盐"的方式,应充分发挥市场配置资源的基础性作用,重点介于科技公共产品领域。

同时,政府科技投入要瞄准学科前沿,择优支持,贯彻有所为有所不为的方针,引导科技事业朝着有利于国家总目标的方向发展。政府应根据国家经济和社会发展目标以及战略部署,将财政资金配置于不同的科技领域,凡是关系到政治稳定、经济发展及社会进步关键领域,而企业又不愿投入的,政府科技投入必须发挥其主导作用;对于企业尚没有能力进入的科技领域,政府科技投入应起到前导性作用;对于有利于国家长期稳定发展,但企业可以支撑的产业领域,政府应在其重要环节进行必要的投入,保证产业创新的持续活跃性,促进产业成果的财富化。

6.2.1 基础研究与尖端共性技术为优先投入领域

1) 中央财政应向基础研究倾斜,加大对基础研究的投入

基础研究是科技自主创新的基础,基础研究的每一个重大突破,都会对科技创新、高技术产业的形成产生巨大的、不可估量的推动作用,是一个国家科技、经济和社会发展的潜力和后劲所在。近年来基础研究再次受到国际上创新国家的重视,在各国政府R&D经费支出结构中,基础研究/政府 R&D 经费基本保持在10%以上的水平。美国在基础研究方面的巨大投入奠定了它在世界基础研究领域的超级领先地位;日本、韩国等一些以技术模仿、跟踪为主的国家也及时调整科技发展战略,把加强基础研究作为

科技发展的重要战略目标。为此，作为一个发展中国家，我国应按照"有所为，有所不为"的原则，集中优势财力，重点突破，增强基础研究能力，把基础研究放在优先支持领域。并且，WTO《补贴与反补贴措施协议》规定，政府对基础性研究的补贴不受限制，我国应抓住有利时机，充分利用这一规定，加大基础研究的政府投入，改变我国基础研究投入严重不足的事实。同时，尖端共性技术特别是涉及国家安全和国家核心竞争力的技术，是国家长期发展战略的重要组成部分，是当前我国增强自主创新能力的关键所在，也应是我国政府优先投入的领域。

2）加大政府对高等院校基础研究的投入

要加大对高等院校基础研究的投入，形成对研究型大学基础研究的稳定支持机制。一方面，明确国家对高等院校"211"工程和"985"工程投入中用于基础研究的比例，另一方面，逐步建立起对高等院校基础研究人员、基地等稳定支持的投入渠道，以更充分地发掘高等院校的基础研究潜力，使高等院校成为我国基础研究的主力军。

3）引导企业加大对基础研究的投入

科技发达国家的成功经验表明，企业不仅是全社会 R&D 投入的主体，而且企业的基础研究经费投入是基础研究的一个重要方面。从我国企业提高科技创新能力和参与全球竞争能力的现实需要来看，加强企业在基础研究方面的能力和水平是十分必要的。目前，我国急需形成以政府为主体，包括企业、研究机构和高等院校在内的基础研究投入的多元化格局。需要综合运用财政、金融以及产业政策，形成激励企业从事基础研究投入的机制，并在此基础上建立多元化的基础研究投入体系。

4）重视基础研究成果的推广

加强对以专利等知识产权形式出现的基础研究成果的保护和重视，加强对基础研究成果的社会经济价值的评价。抓住对我国的经济、科技、社会发展具有战略性、基础性、关键性作用的重大课题，联合攻关，全力突破，优先发展能源、水资源和环境保护技术、装备制造业和信息产业核心技术,加快发展生物技术、空间和海洋技术等,大力加强基础科学和前沿技术研究,采取各种措施积极推进科技成果的转化。

6.2.2　战略技术与战略产品为重点部署领域

由于战略技术和战略产品对一个国家经济社会发展的重要性和对国家安全的独特作用,不论是发达国家,还是发展中国家,都把其放在政府科技投入的重要地位。美国为了增强政府对战略技术与产品的支持,把信息技术、新型材料、生物技术等列为战略技术,先后实施了"阿波罗升月计划"、"星球大战"、信息高速公路等重大战略产品计划。美国航天航空局(NASA)年度经费一直保持在170亿美元左右。美国政府对战略技术研发的超强、超前投入和这些战略产品的跨区域、跨部门、跨国界的组织,对美国科技的全面领先起到了极其重要的作用。我国应借鉴美国的做法,将关系到国家命运的能源、信息技术、公共安全技术、生物技术等提升到国家战略技术与产品的高度,进行重点资助,提升国家创新能力。

6.2.3　社会公益研究为重要投入领域

社会公益指社会整体效益大于个体局部效益,从 OECD 国家的政府科技投入分布上看,在社会公益研究方面,其资助重点是医疗保健和环境保护方面的研究,这两个领域的研发投入占政府研发投入的比例逐年上升。美国则更重视医疗保健方面,1955 年,美国政府用于医疗保健的研发支出只占政府民用研发支出的 3.6%,2003 年这一比例上升到 56.7%。美国国立卫生院(NIH)作为世界最大的医学研究和资助机构,近年来一直保持每年 300 亿美元左右的联邦研究经费预算,其中 2009 财年联邦预算支持高达 316 亿美元。近年来,中国政府也加大了对公益研究的投入,如 2006 年以来,中央财政先后安排和实施了公益性行业专项科研经费、中央级公益科研院所基本业务费专项基金等财政专款。社会公益类科研活动得到巨大支持,但相比发达国家,我国的政府支持力度还较小,仍需进一步加强。

6.2.4 科技基础设施为不断加强的领域

科技基础设施是基础研究、共性技术研究及基础技术研究的保障条件，特别是进入信息化时代后，一般基础设施的作用在下降，而科学技术基础设施的重要性日益显著。国家与国家之间经济发展的差距，已经不再由一般资源的占有量和一般基础设施建设规模决定，而更多地取决于对科技资源的开发和利用能力。美国政府一贯支持科技基础设施建设，仅国家科学基金会（NSF）60亿美元的预算中 28％用于科学基础设施建设。当前我国政府科技投入应重点支持的科技基础设施建设主要有以下几方面：一是加强国家研究实验基地的建设。根据国家重大战略需求，在新兴前沿交叉领域和具有我国特色和优势的领域，依托国家科研院所和研究型大学，建设水平高、学科综合交叉的国家实验室和其他科学研究实验基地；二是建设大型科学工程和基础设施。重视科学仪器与设备对科学研究的作用，加强科学仪器设备及检测技术的自主研究开发；三是建设科学数据与信息平台。充分利用现代信息技术手段，建设基于科技条件资源信息化的数字科技平台，促进科学数据与文献资源的共享；四是建设自然科技资源服务平台。建立完备的植物、动物种质资源，微生物菌种和人类遗传资源，以及实验材料、标本、岩矿化石等自然科技资源保护与利用体系。

6.3　投入增长机制的完善

建立政府科技投入的稳定增长机制是促进我国经济和社会发展、科技进步的必然要求，以政府资金的有效引导与带动保证科技投入的持续增长。

6.3.1 大幅度增加科技投入，建立多元化、多渠道的科技投入体系

实现我国创新型国家的建设目标，需要有重点的、大幅度的、持续稳定的增加科技投入，建立起以政府投入为引导，企业投入为

主体,金融、社会投入为辅助的多元化科技投入体系,建立起以企业为主体、产学研相结合的国家创新体系。

1)充分发挥政府资金的引导作用

第一,在确保政府科技投入大幅度增长的基础上,引导和动员企业、社会其他资源的投入;明确规定政府在科技投入方面的事权,树立政府引导全社会科技投入新方略,并在政府直接投入部分体现加大力度、适当超前、重点支持的方针,加大优势领域开发力度,推动科技资源共享。第二,走市场化道路,通过投入机制的变化,由"政府主体"向"社会主体"转变,逐步形成以政府投入为引导,企业投入为主体,金融、社会广泛参与,市场经济下的多元化科技投入体系的宏观架构。为加快产业结构的优化升级,推动高新技术产业化和国家创新能力的可持续发展,提供财力支撑。第三,形成多渠道筹措资金和多种投入机制相互协调,共促发展的局面。通过多种政策和制度安排,从单一的财政直接拨款投入逐步转向建立多元化、多渠道的科技投入体系。一方面通过综合运用资本金投入、基金、贴息、后补贴、担保等多种财政投入方式,加强对全社会科技投入尤其是企业科技投入的支持和引导,形成国家财政拨款、企业投入、银行信贷以及利用外资等多种科技投入支持国家科技创新活动的局面。另一方面,通过税收优惠、政府采购等政策加强对科技创新活动的间接财力支持,逐步建立以所得税为主、所得税与增值税、营业税并重的科技税收政策体系,有利于科技创新的科技采购政策体系,通过直接减税、研发费用扣除、固定资产折旧等多种税收激励,多种科技采购激励,鼓励和带动全社会研究开发、营造科技创新氛围,培育科技创新需求空间,激励全社会的科技创新活动。

2)激励企业增加科技投入

多元化、多渠道的科技投入体系的建立,关键还是要激励企业增加科技投入。借鉴国内外鼓励企业增加科技投入的成功经验,本书认为可采取以下措施:一是建立企业重点技术研究与开发补助金制度。政府通过财政预算拨款,对符合政策规定的企业研发项目提供一定的财政补贴,提高企业对技术开发的积极性。二是推广科技成果委托开发制,促进科技成果转化。政府可将政府所属科研院所和高等院校取得的成果,委托给有关企业进行产业化开发,政府拨给一定的委托开发费,由新技术所有者提供技术,开发成功后分期归还委托费。三是建立企业和行业技术开发基金。四是强化企业技术开发融资优惠。为支持研发活动的开展,政府要制定办法促进金融机构、信用保证机构对研发活动进行投资及提供融资、担保优惠措施。

3) 促进政府科技投入与企业科技投入的互动

政府科技投入对企业的影响体现在两大方面:一方面是对企业的直接投资,引导企业进行科技创新活动;另一方面是对企业科技创新的间接支持,包括投资政府研究机构以及高等院校,通过技术外溢、技术转让、技术入股、产学研结合等方式向企业转移。政府科技投入对企业的影响可以通过三种效应实现:一是触发效应,政府通过投资于基础研究、共性技术的研究,为企业的研究开发活动创造机会、降低企业创新的成本及风险,有利于带动企业的科技投入。二是挤出效应,在政府投入领域与企业投入领域间缺乏清晰准确定位情况下,有时政府支持了一些即使没有政府资金投入企业也会开展的项目,替代了企业的科技投入。三是政府资助科研院所和高等院校研究所产生的基础理论和知识,通过创新网络的传播和扩散,产生外溢效应,增强企业的技术基础和科研力量,有助于提高政府直接资助的效应,使企业向科技创新的投入主体和执行主体转变。政府科技投入的规模与结构对企业科技投入的规模与结构有着重要影响。因此,政府应保持相对稳定的科技投入水平,优化科技投入结构,使得企业对政府科技投入政策能形成稳定的预期,在较长的时期内对科技资源培育、研究开发进行合理的规划,做出有效的资源配置,避免由于政府政策的波动带来的短期行为。

4) 大力发展创业风险投资

风险投资起源于美国,美国风险投资业的蓬勃发展不仅强有力推动了美国以高新技术为基础的知识经济的发展,而且深刻地改变了世界产业格局和国际竞争格局。风险投资对于企业创新具有明显的"点石成金"的作用,对促进高新技术成果的商品化、产业化、资本化、国际化,对促进产业调整和优化升级具有重要作用。从 20 世纪 80 年代开始,我国逐步认识到风险投资的重要性,积极探索科技金融合作推动科技创新,大力发展创业风险投资。2007年,财政部、科技部设立科技型中小企业创业投资引导基金,股权出资额达 1.59 亿元,带动社会资本额 10.45 亿元;地方设立的创业引导基金已超过 30 家,总额超过 100 亿元。截至 2008 年,我国创业风险投资业管理资本总量超过 1455 亿元,机构数量达到 464 家,对促进企业创新做出重要贡献。但与国外创新型国家相比,与我国企业创新的需求相比,我国的风险投资总额远远不足,而且存在投资渠道较窄,投资结构不合理、管理不规范等诸多问题。

因此,目前我国应加快发展创业风险投资事业,建立完善的创业风险投资机制。主要从以下几方面入手:一是要加大政府投入启动资金和支持风险投资发展的力度,规范和鼓励风险投资行为,保护风险投资者的各种利益。二是提供相应的财力支持,建立风险资本市场的运行机制。三是鼓励设立创业风险投资引导基金,支持金融机构、保险公司、证券公司等依法依规开展创业风险投资业务。四是政府提供必要的种子基金,引导中介等相关组织为风险投资创业服务,促使风险投资者顺利介入科技型中小企业的科技创新。五是建立健全金融资本科技贷款风险补偿机制,加强政策性金融对重大科技项目的支持,引导商业金融支持高新技术产业化。六是制定和实施鼓励风险投资发展的税收政策、政府采购政策、信贷担保政策等,使风险投资公司的回报不低于其相同数额的贷款利息收入,并且允许风险投资公司对风险投资实行单列核算。七是支持有条件的科技型企业在国内主板和中小企业板上市,推进高新技术企业股份转让。八是鼓励社会资金捐赠创新活动,激励和引导个人、民间组织、非营利机构对科技的投入。

6.3.2　扩大财政收入规模，确保政府科技投入的持续稳定增长

政府财政收入的规模制约政府科技投入的增长，发达国家财政收入占 GDP 的比重一般在 30％—40％之间，发展中国家在 25％左右，而我国财政收入占 GDP 的比重较低，1980—2008 年的平均比重为 15.42％，财政收入水平较低直接限制了政府科技投入的增长幅度，同时还影响政府科技投入的长期可持续性，因此，扩大财政收入的规模是保证政府科技投入稳定增长的前提条件。

6.3.3　提高政府科技投入占财政支出和 GDP 比重

应当明确，发展科技是政府的重要目标，保证科技资金，促进科技创新是政府的重要责任，科技、教育应是政府的第一投资对象。建议将国家财政性科技经费占 GDP 比重列入国民经济和社会发展五年规划的重要目标和约束性指标，将全社会科技经费占 GDP 比重作为预期性目标，定期公布、督察和评估实施情况。

6.3.4　保证增长幅度达到法定要求

《中华人民共和国科技进步法》颁布以来，全国各地纷纷制定了相应的法规，为政府的科技投入决策提供了较明确的法律依据。当前，我国中央和大部分地方政府科技投入增幅都未能完全符合法定要求，因此，政府在加大科技投入的同时应确保其增幅高于财政经常性收入的增幅，形成长期稳定机制。各级政府要按照《科技进步法》的要求，把科技投入作为预算保障的重点，在编制年初预算和安排当年度超收预算时，保证每年财政科技投入的增长速度明显高于财政经常性收入的年增长速度，体现法定增长的要求。中央、各级地方政府应将保证政府科技投入的法定增长作为地方政府的主要执政目标，列入考核政府政绩的主要指标。

6.3.5　多种投入方式并举

为了有效调节政府科技投入的方向和规模，发挥其引导效应，

除采用直接拨款方式外,应灵活运用财政贴息、股权投资、偿还性资助、奖励等财政资金使用方式,有效实现政府投入的引导效应。应用财政贴息,可以有效发挥政府资金的"四两拨千斤"作用,引导企业按照国家产业政策和科技政策增加科技投入;采用股权投资方式,使国家和企业资金形成规模和合力,分散国家和企业的研发投入风险。目前,我国中央财政和科技部门大力进行财政支持方式创新,探索以多种方式支持科技创新活动。包括实施国家科技重大专项,运行创新投资引导基金,政府企业共建科技条件投入平台等。如2007年7月,中央财政正式启动"创业投资引导基金",安排1亿元资金,以资本金投入方式用于引导基金;为进一步推进中国节能减排和新能源产业发展,中央财政探索以补贴用户为特征的投入方式,启动"十城千辆"、"十城万盏"行动,以补贴用户为特征推动节能汽车、半导体照明等的大规模应用推广,扶持新能源产业成长;2008年,针对部分产业化前景比较明确的重大科技专项,开展了民用重大科技专项后补助支持方式方法探索。同时,地方各级财政和科技部门也加强了财政支持方式的创新,比如2008年浙江省进一步深化财政科技经费支持模式改革,探索通过以奖代补方式,鼓励企业等创新主体与国内外大院所共建创新载体;宁波市通过事后补助方式实施科技研发投入资助计划,拿出科技项目总经费的20%左右,对企业当年度的研发费用进行财政资金资助,2008年共补助了266家企业;2008年深圳市进一步深化财政科技资金使用方法改革,调整财政科技补助资金使用重点,加强对科技公共产品的投入和重大产业技术攻关等等。[①] 这些地方财政科技投入方式的改革与创新,极大地促进了地方科技创新与发展,可在全国进行推广应用。

---

① 中华人民共和国科学技术部.中国科技发展60年.北京:科学技术文献出版社,2009:225。

6.4 结构的优化

6.4.1 合理划分不同政府层级的科技投入职责

为了更大程度实现中央政府、地方政府与企业在科技投入上的互补，充分调动各投入主体积极性，需要界定中央与地方政府科技投入的责任边界，以体现公平合理的原则，推动区域协调发展。根据公共产品的层次性和受益原则，合理划分中央政府与地方政府，以及地方政府之间的科技投入职责，正确处理政府投入方式选择及相关政策配套，强化预算管理，改进投入方式，完善管理操作，提高资金效益。按照我国的行政规划，我国地方政府又划分为省、市、县、乡四级。中央政府科技投入主要保证中央级的科研院所的正常运行，安排国家级重点科技计划项目、全国性科技基础条件和科研环境建设；省级政府科技投入主要保证省级科研院所的科研工作的开展，支持本省范围内基础研究、高新技术、省级重大项目和科研环境的建设；地、市、区、县级政府科技投入主要支持科技推广应用和先进适用技术的研究开发以及区域性科研环境条件的改善。

6.4.2 加大对落后地区的科技转移支付力度

从政府科技投入的地区结构看，我国地区发展极不平衡，加大对落后地区的科技投入对于促进落后地区科技进步，进而推动经济发展，缩小地区差距具有关键性的作用。我国的政府科技资金配置地区差距很大，既有失于公平原则，又不利于国家社会经济的协调发展。因此，在预算安排中，我国中央政府应加强对西部地区财力的支持，加大对西部地区科技专项经费的转移支付的力度，缓解地方财政压力，促进落后地区的科技发展。地方财政也应开源节流，调整财政支出结构，增加科技与教育事业支出，为科技的长远发展提供充足财力。

6.4.3 合理确定产学研之间的投入比例

建设以高等院校、科研院所为依托的知识创新体系；以企业为主体的技术创新体系；以产学研相结合的成果转化创新体系；专业化、信息化、产业化的中介服务创新体系；多层次、社会化、科学化的科技管理创新体系。保证整个体系和各子系统的功能发挥和能力建设及其改进完善和不断提高。政府应合理界定投入企业、高等院校、科研院所的政府科技投入资金。

6.5 绩效评价机制的构建

政府科技投入绩效评价是政府支出绩效评价体系的有机组成部分，其目的是通过对政府资金的投入、使用及监管全过程的评价来考察政府对科技进行投资所取得的科技效益、社会效益和潜在的经济效益。

6.5.1 绩效评价的内涵

绩效(Performance)是指在特定的时间内，由特定的工作职能、活动、行为所产生的影响，是人们实际执行的、与组织目标有关的并且可以观察到的行为或行动。绩效的概念最初来源于投资经济学研究，目前在资源管理方面得到了广泛应用。绩效是业绩和效率的统称，包括行为过程和行为结果两层含义。绩效评价，即对人类行为效果和效率的测度，起源于人类社会的生产和生活活动，其根本目的是通过将劳动耗费与劳动成果进行比较，最大程度地获取劳动收益。(张仁开、孙长青，2007)政府科技投入绩效评价是指评价主体按照一定的原则、程序和标准，运用定性或定量分析方法，对政府资金支持的科技计划及其项目的目标实现程度、资金投入所产生的效率和效益以及政府科技资金的使用管理等方面进行综合评价。评价的目的是考核政府提供的科技公共产品的数量和质量，封堵科技资金使用中的漏洞，提高政府科技资金使用的科学性和规范性,确保政府科技投入目标的实现,达到增强政府引导科技创新,促进经济增长及社会发展的目的。

6.5.2 绩效评价的一般原则及方法

1) 评价原则

20 世纪 80 年代以来,西方国家从绩效审计理论和实践中总结,并借鉴其学科理论发展的成果,提出了"经济性(Economy)、效率性(Efficiency)和效果性(Effectiveness)"绩效评价原则,即"3E"原则。20 世纪 90 年代,新公共管理理论的不断深入及其在西方国家的实践,使人们对政府的服务质量、生态环境、就业和公众满意度愈加重视,出现了传统绩效评价时期所不具有的评价内容和评价理念,公平性(Equity)原则日益成为考评的主流范畴,围绕公平性原则形成的指标数量不断增加,并发展成"4E"原则。本书认为,政府科技投入的绩效评价,除应遵循以上四原则外,还应遵循规范性原则,因为政策评价应遵循一定的规范,确保其在相关法律制度约束下有序进行。因此,对政府科技投入的绩效评价需要在经济类指标内考虑"成本"与"投入",在效率类指标内考量"投入"与"产出",在效果类指标内考虑"产出"与"结果",在公平类指标内考虑"结果"与"公平",在规范类指标中考虑"公平"与"规范"。

2) 评价方法

政府科技投入的绩效评价可以采用的方法很多,评价者在评价的实践中,往往根据不同的评价目的、评价对象确定不同的方式方法,或者综合起来使用,优势互补,以保证评价的有效性。比较常用、前沿的评价方法主要有同行评议法、层次分析法、投入——产出分析法、目标管理法、关键绩效指标法、平衡记分卡等。

6.5.3 绩效评价的主体及评价内容

1) 评价主体

根据评价对象和实施主体的不同,评价主体也是多元化的。一般而言,政府科技投入的利益相关者主要包括两类:一是对科技进行了一定投入的各级政府、政府主管部门、财政部门等;二是科技目标受益者(政府、社会、企业、高校、科研机构等)中介评价组织、媒体、一般公众等。

通常来讲,政府科技投入的绩效评价主体主要有以下主体如各级人民代表大会、各级财政管理部门、各级审计部门、各级科技主管部门、各科技基层单位、社会中介机构、企业、高等院校、科研机构、媒体、一般公众等。

2) 评价内容

政府科技投入的绩效评价主要包括两个层次:即政府科技资金投入的合理性和科技资金投入的效率与效益。合理性是指政府科技资金的使用范围应该是在国家政府的预算范围之内,资金的投入与科技事业发展是否相协调。政府科技资金的效率反映政府科技投入的配置是否优化,主要是用科技的投入与产出之比来反映。政府科技投入的效益是指在科技活动中由政府科技资金使用效率所引起的相应收益或收入。但是政府科技资金的效益不仅包括直接的经济效益,还包含难以量化的间接经济效益和社会效益。政府科技资金的直接经济效益可以用计量指标反映,如财务指标,投入指标等;间接的经济效益有着不确定性和难以统计性,不能通过直接统计数据反映,但可以通过一定的转换进行合理的度量,而社会效益难以用经济指标来衡量,主要采用定性指标分析评价。

6.5.4 构建科学合理的政府科技投入绩效评价指标体系

1) 政府科技投入绩效评价指标的选择

第一,确定指标体系结构。常见的评估指标体系的结构形式有层次型评估指标体系、网络型评估指标体系和多目标型评估指标体系。本书以科技资金运行和监管机制为主线,将政府科技投入的绩效划分为投入绩效、产出绩效和监管绩效三大模块。投入绩效又包括规模、结构、导向、拨付绩效;产出绩效包括科技、经济、社会产出绩效;监管绩效包括过程、成果绩效。这三大模块共同构建成一个全面的政府科技投入绩效评价体系,见图 6.1。

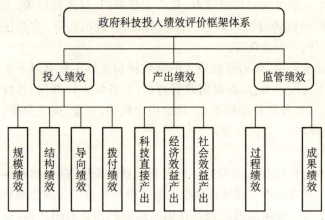

图6.1 政府科技投入绩效评价框架体系图

同时根据政府科技投入评估指标体系的目的，选用层次型评估指标体系，具体将评估体系指标分为三层：目标层、要素层和指标层，其中指标层由定性指标和定量指标组成。

第二，选择评估指标。研究科技活动的产出与影响，不能局限于科技系统本身，必须将科技置于整个社会运动大系统中，考虑科技进步、经济增长与社会发展二者协调发展的客观规律，选取二者交汇结合部分的某些指标，以有助于评估科技促进经济和社会发展的作用与效果。

2）我国政府科技投入绩效评价指标体系构建

本书认为，政府科技投入绩效评价是一个系统工程，它涉及面广，环节和层次多，整体性强，涉及多个相关部门。投入绩效是绩效评价的前提和基础，没有科技资金的投入或投入不合理，就谈不上有效的产出；产出绩效是资金投入的目的；监管绩效是保证科技资金合理配置和有效产出的重要手段。因此，这三大模块又是相互联系在一起的。我国政府科技投入绩效评价体系表见表6.1。

表 6.1 政府科技投入绩效评价体系表

目标	要素层	指 标 层	
		定量指标	定性指标
投入	规模绩效	政府科技投入数额 政府科技投入增长率 政府科技投入占政府支出的比重 政府科技投入占 GDP 的比重 政府科技投入的收入弹性系数 政府科技投入的支出弹性系数	规模适度 符合法律
	结构绩效	人均科技经费 中央与地方财政科技拨款总量与比例 政府资金占科技资金筹集额的比重 企业、高校、科研机构的政府资金占科技经费筹集额比重 政府 R&D 经费占 GDP 比重 政府 R&D 经费占政府科技投入比重 政府基础研究投入占 GDP 比重 政府基础研究投入占政府科技投入比重 政府基础研究投入占 R&D 经费比重 政府科技基础设施投入占政府科技投入比重	结构合理 产学研合作
	导向绩效 拨付绩效	企业科技资金投入 社会科技资金投入 资金到位率 资金到位的及时性 资金渗漏率 资金留置率	激励效应 资金拨付效率
产出	科技直接产出	论文与专著：　论文数 　　　　　　　专著数 　　　　　　　被四种检索系统收录的论文数 成果与奖励：　成果数 　　　　　　　国家级奖励 　　　　　　　省部级奖励 专利：　　　　专利申请量 　　　　　　　专利授权量 　　　　　　　发明专利申请量 人才培养：　　科技活动人员数量	研究成果的先进程度 研究成果的利用普及程度

目标	要素层	指　标　层		定性指标
		定量指标		
	经济效益产出	技术贸易：	签订技术合同数 成交合同金额 技术出口额 技术进口额	劳动生产率 优化产业结构
		高新技术产品：	高新技术产品销售量 高新技术产品利润 高新技术产品增值税额 高新产品出口创汇	技术产品 市场规模 提高产品 质量
		GDP：	GDP 增长额 GDP 增长率	
		能源消耗：	能源利用率 亿元国内生产总值能源消耗量	
		劳动生产率：	社会劳动生产率 工业劳动生产率	
		产业内结构升级：	高新技术产业增加值/工业增加值 高新技术产业从业人员/社会总从业人员	
	社会效益产出	环保与生态：	"三废"综合治理率 城市绿化率	
		生活质量和水平：	恩格尔指数 专科以上学历人口所占比重 人口平均寿命 高新技术产业就业率	生活质量 资源利用 环境影响 就业机会
监管	过程绩效 成果绩效	监管机构的工作业绩 监管人员的工作效率 监管人员的工作质量 减少资金浪费的数量 违纪率下降程度 政策法规的完善程度		机构运营目标的制定和达标 财政及预算管理的合理性 经营合理化措施等

6.6 管理体制的改革与完善

6.6.1 建立有利于加强基础研究、尖端技术和社会公益研究的科技管理机制

按照公共财政原则,基础研究、尖端技术和社会公益研究是政府科技重点投入对象,要建立适合其发展的管理机制。一是建立与基础研究、尖端技术研究和社会公益研究相适应的管理体系。按照政府赋予的职责定位加强现代科研院所制度建设,优化资源配置,集中力量形成优势学科领域和研究基地。二是改革基础研究、尖端技术研究等的评价制度。基础科学、尖端技术研究及公益研究与面向市场的研究开发具有不同的规律和价值导向,应该采取不同的评价办法和激励机制。三是加强科研基地和基础条件建设。在新兴交叉学科领域,特别是当前我国相对薄弱和空白领域,尽快组建若干国家实验室,同时研究解决国家重点实验室运行费用支持的问题。

6.6.2 改革和完善预算管理制度

政府科技投入的资金管理应按照预算编制、执行、监督相对分离的要求。一是要按照实行综合预算、编制部门预算、硬化预算约束的要求,增强科技投入资金的透明度,严格预算执行与管理。二是细化部门预算,保证财政科技投入前期的预算控制精细化。部门预算应全面反映本部门的年度财政需要和收入,减少支出的不规范性和随意性,增加透明度。编制部门预算时,可细化到具体项目或课题,进行全额预算管理,通过细化部门预算,有利于细化预算内容,优化支出结构,硬化预算指标,强化预算管理,使政府科技投入更加透明化,有利于科技资源的优化配置和使用。三是实行国库单一账户管理制度,加强财政性科技资金的收支管理。要求

所有财政性资金都纳入国库单一账户体系，支出通过单一账户支付到商品和劳务供应单位或承担单位。国库集中支付是加强科研资金统一管理的必然结果和有效措施。国库集中支付可以减少资金流程太长造成的无形损耗从而提高资金使用效率。对于庞大的政府科技采购，国库集中支付更能起到遏制腐败、节约资金的作用。所以，国库集中支付不仅是科技资金投入的手段创新，也是加强监督调控的有效手段。四是完善公示制度和公共监督机制，在科技经费使用的事前、事中和事后，进行全过程监督，通过公开度与透明度的提高，促进科技投入资金的合理统筹、节约使用。

6.6.3　实行目标责任制

一是建立健全政府科技管理分层责任制，明确政府科技计划项目决策、咨询、管理、实施等各主体的职责和权限，强化目标管理，建立目标责任制，实现分层负责。二是建立问效问责制度，对按照层级目标确定的各责任主体进行绩效考核，追究项目完成不力或管理不善者的责任。三是逐步形成咨询、决策、实施、监督相互独立、相互制约的科技计划管理机制，改变以往"重投入，少管理，轻验收"的状况，保证政府科技投入的实施效果。

6.6.4　加强对政府科技投入成果的管理

政府进行科技投入活动必然涉及到所产生的科技产品可能形成的产权问题。由于政府科技资金的投入不仅仅投向政府科研机构，同时也投向企业、大学、非政府组织等非政府研究机构，那么这些研究机构的科研人员依靠政府投入所获得研究成果的产权归属问题，是关系到研究机构和研究人员的切身利益，同时也关系到一个国家科技成果的推广程度，因此，明确这些科技产品产权的归属不仅有利于政府与市场之间的协调和合作，保护政府、企业、科研机构等各自的合法利益，还能促进科技成果的商品化，真正发挥政府支持、引导科技创新的作用。科技投入成果管理也是政府科技投入管理体系中重要的部分。

1) 明确实物资产的产权归属

对于政府科技投入活动所形成的实物资产的产权归属,应根据政府投入项目的性质、资助对象的所有制性质、政府投入所占的比重以及资助的形式来制定具体的产权归属和相关管理办法。实物资产产权的归属和管理安排要有利于科技基础设施的充分利用、促进科技的发展;有利于保障国家权益,防止国有资产的流失;有利于市场经济的产权规范和物质利益保障机制。

2) 科学界定科技知识产权和相关收益的归属

科技知识产权和相关收益的归属管理问题较为复杂,知识产权制度不仅能保证创新者的创新收益,还有助于减少研究成果被侵占和发明拥有者得不到经济补偿的风险。一般来说,确定政府投入所产生的研究成果的知识产权归属,应根据政府投入项目的性质、对象、方式和比例为基础,以促进技术扩散和产业化、提供公平机会、防止利益冲突和垄断技术为原则来确定政府资助形成的知识产权的归属。国家科技计划项目研究成果及其形成的知识产权,除涉及国家安全、国家利益和重大社会公共利益的知识产权由国家所有外,其余可以采取将产权授予项目承担单位、产权共享和给发明者优先购买权等方式,以激励技术创新活动。对于某些高新技术项目,为了充分发挥科研人员的积极性,还可引入个人股份、期权等激励机制。

3) 促进政府资助的研究成果的转化与扩散

促进政府资助形成的科研成果的迅速转化和扩散及其知识产权的规范合理运用是促使知识形成生产力、提高经济发展科技贡献率的关键环节。政府可根据不同情况,采用不同的促进方式。比如对于政府拥有的知识产权(涉及国家机密的除外),可以进一步采取措施,促进其转让、扩散;对于政府资助完成的创新项目,政府可督促项目承担单位或有关部门,将其拥有的知识产权通过转让、作价入股等方式实现和产业的结合;对于那些积极采取措施开发利用政府资助项目成果的承担单位或有关部门,政府可以优先授予知识产权许可权;同时,政府也可以对企业或相关部门提供相应的知识转化和扩散费用,加速政府资助的研究成果或知识产权的转化和扩散。

6.7　投入资金审计监督的强化

6.7.1　把握对政府科技资金的审计监督目标

开展对政府科技资金的审计监督,应坚持"全面审计,突出重点"的审计工作方针,掌握"守土有责、把握总体、突出重点、整改提高"的审计工作原则,按照"摸清家底、揭露问题、促进改革、提高效益"的审计总体思路,在全面掌握科技资金管理部门、科研单位的财政财务收支规模及结构、财政财务管理体制等情况的基础上,重点审计政府科技资金的分配、拨付、管理、使用环节中存在的突出问题。具体的审计目标为:一是以科技预算编制和执行为主线,检查科技预算管理和资金分配使用的真实性、合法性、公开性、透明度、资金安排到位率及科技成果转化等情况,促进各部门加强预算管理,公开透明分配预算;二是重点审计政府科技项目支出,检查虚假项目、挤占挪用科技资金、资金使用效率不高、国有资产流失等突出问题,促进财政资金使用效益的提高;三是以项目申报、评估、预算评审为基础,审查项目立项审批过程的合法性、规范性、公开性,促进各部门加强内部管理,健全监管制度,提高政府绩效。

6.7.2　积极探索资金的效益审计

积极开展对政府科技资金的效益审计,充分掌握科技活动的规律,发现问题,分析原因,正确评价,提出建议。审计的重点内容主要有以下三个方面:一是科技资金的投入与产出情况,检查科技资金的成果转化情况,是否存在浪费科技资源的问题;二是管理方式是否科学合理,是否因管理滞后或管理混乱给科技资金的分配和使用带来负面影响;三是科技资源的宏观管理是否科学,是否存在管理分散、部门分割、缺乏权责制衡机制、缺乏跟踪问效和绩效考评机制,影响了科技资源整体效益的发挥。

7 结论与展望

7.1 结 论

国家创新体系的建立,企业成为科技创新的主体,容易造成人们对政府促进科技创新作用的忽视。理论与实践表明,即使在创新型国家,政府也是促进科技创新不可忽视的力量。本书在系统梳理国内外政府科技投入相关研究成果的基础上,通过规范研究及实证研究,立足于经济学角度,结合科技学、管理学等理论,运用理论分析、统计分析、比较分析和计量分析等多种分析方法,对政府科技投入各方面进行全面、系统地分析,致力于解决如下问题:国家创新体系下政府投入科技活动的必要性、投入领域的确定、投入程度大小、投入存在的问题、投入产生的效应及如何解决等一系列问题。

经过研究,本书得出如下结论:

第一,投入科技活动是政府的重要职能。从科技学意义上,政府投资科技活动是推动科技创新的重要力量。从经济学意义上,科技产品是一种"公共产品"或"准公共产品",属于市场失灵领域,具有高成本、高风险和不确定性特征,使得市场自发调节力量不能优化整合创新资源,需要政府力量的投资。从政治学意义上,政府站在国家战略的高度,促进自主创新,保证国家安全。从社会学意义上,政府投资科技活动,促进科技创新是构建社会主义和谐社会的保障。从管理学意义上,政府是国家层面创新链上不可或缺的重要一环。

第二，理论分析表明，政府对科技的投资领域应界定在市场失灵的领域，还要体现国家战略。判断一种科技产品的政府投资力度首先应从产品的性质入手，公共产品属性越强，政府支持的力度就越强。科技产品中，基础研究、共性技术和专有技术的公共性呈由强到弱排序，因而政府对这三种产品的支持力度也应呈现由大到小的递减趋势。

第三，采用《中国统计年鉴》、《中国科技统计年鉴》、《中国财政统计年鉴》以及国家统计局、科学技术部官方网站等大量权威统计数据，运用比较分析法、统计分析法等方法全面系统地分析政府科技投入的规模与结构。规模分析表明：自改革开放以来中国政府科技投入的绝对额呈持续稳定增加态势，但通过和历史及国外发达国家相比，其增长速度小于财政支出及 GDP 的增长速度，大部分年份达不到法定增长要求；投入力度也小于历史和国外发达国家，总体来看，我国投入规模过小。结构分析表明：中国政府科技投入长期结构不合理。主要表现在不能处理好几方面的关系上：一是 R&D 经费投入和基础研究的比例关系，2008 年基础研究所占 R&D 经费比重只有 4.8%，不仅低于发达国家，也低于一些发展中国家。这一比重过低会影响自主创新能力、特别是原始创新能力。二是中央政府与地方政府及地方政府间的关系。中央政府长期承担了主要的创新任务，地方政府支持科技创新的力度不够，造成地方，特别是中、西部地区的创新能力明显不足。同时，通过对我国各省市的政府科技投入水平与科技进步指标的对比发现，政府的科技资金投入与当地经济发展水平具有较强的正相关性。三是政府资金在企业、高等院校及科研机构中的分配关系。通过对企业、高等院校及科研机构所获得的政府资金数额比较看出，政府的资金大部分流向科研机构和高校，缺少对企业的直接支持，造成的直接后果是企业创新能力减弱，企业竞争力下降。通过规模和结构分析，发现政府科技投入中存在缺乏稳定的投入增长机制、投入结构不合理、管理体制不完善等问题，主要受经济增长方式、科技体制及财政体制的影响。经验分析可以为政府科技投入政策取向与合理定位，以及相关政策措施的制定提供依据。

第四，为了检验政府科技投入对企业科技投入的政策效应，本书使用平稳时间序列进行回归分析显示：政府科技投入与企业科技投入之间存在正相关关系，但不同的资助对象所产生的影响效应不同。政府对企业的直接投入对企业科技投入没有显著的激励效应和挤出效应。但政府对研发机构和高等院校的科技投入存在明显的外溢效应，对企业科技投入有较强的激励效应。造成这一结果的原因应是由于政府对企业科技直接投入规模过小。同时，研究结果也表明科研机构和学校创新外溢效应的存在及对企业的激励，为政府科技资金在产学研各部门的资金配置提供经验。

第五，专利授权量与论文三大检索量是反映一国创新能力和水平的重要指标，本书以这两项指标为样本，构建回归模型，实证检验政府科技投入对科技创新的政策效应。选取 1985—2008 年的数据检验政府科技投入与专利之间的关系。经单位检验发现政府科技投入与专利授权量之间并不存在长期协整关系，采用一般向量自回归（VAR）模型检验后发现：政府科技投入变化是影响专利授权量变化的原因之一，但对其影响不大，可能是由于受专利制度的限制、财政科技投入规模较小、财政科技投入的投向不利于专利的产生等原因。采用协整分析原理与方法对政府科技投入与论文三大检索量的相关性进行检验，结果显示：政府科技投入与论文检索量之间存在显著的长期均衡关系，财政科技投入对论文检索量的贡献弹性为 1.062，说明政府科技投入对科技创新有较强的促进作用。

第六，GDP 是反映经济增长的典型代表数据，高技术产品出口量也是高技术产业发展的代表指标，本书选择这两个指标及财政科技拨款指标进行协整分析发现：政府科技投入与经济增长之间存在长期正相关关系，政府科技投入对 GDP 的贡献弹性为 0.018，表明政府科技投入是经济增长的原因，但促进作用不大。政府科技投入对高技术产品出口额的贡献弹性为 1.748，具有显著的促进作用。

第七,针对政府科技投入状况及存在的问题,提出了政府科技投入的决策和协调机制的科学化、投向及优先序的选择、投入增长机制的完善、投入结构的优化、科学合理的绩效评价机制的构建、投入管理体制的改革与完善、投入资金审计监督的强化方面的改进建议。

7.2　进一步研究的问题

一是理论框架尚需进一步整理和充实,提出更为清晰的理论模型和进行更为严密的逻辑论证;二是计量分析进一步深化和改进,由于政府科技投入效应涉猎面较广,鉴于统计数据的局限性,考虑到实证分析的可操作性,本书对政府科技投入相关因素分析还不足,建立模型指标的选取受到限制,因而研究的视角还不够宽广。三是对政府科技投入绩效评价体系设立中,还缺少实证分析,有待于以后进一步研究。

后　记

　　本书是在我的博士论文的基础上修改完成的，它今天能与读者见面，得益于众多人的帮助，在此谨表感谢！

　　参加工作以来，一直从事教学科研工作，每天忙忙碌碌，时光飞逝。每每看到"博学笃行，求是崇真"的校训都深感不安，唯恐知识的不足，不能履行好教师的职责。终于有机会再次进入大学校园攻读博士学位，高兴的心情难以言表，博士学习不仅丰富了知识，开拓了视野，而且边工作边学习的艰辛使我变得更加坚强。

　　能成为张卫东教授的学生是我的荣幸，张教授诚实的为人态度，执著的追求精神、严谨的工作作风、广阔的研究视野、浓厚的理论素养深深地影响着我，使我受益终生。我的博士论文是在张教授的悉心指导下完成的，从论文的开题、到论文的结构与布局，再到论文的最终定稿，都凝聚了张教授的心血和汗水。

　　在华中科技大学学习期间，有幸聆听了一些著名学者的教诲，比如徐长生教授、刘海云教授、张建华教授、宋德勇教授、方齐云教授，等等。他们渊博的知识、严谨治学的态度、追求真理的精神令我感动，是我终生学习的榜样。

　　感谢山东财经大学的领导和老师们在我攻读博士学位期间和本书出版期间对我的鼓励和支持，他们分担了我的部分工作，使我有更多的精力投入学习；感谢我的好友冯玉梅教授，多少次与她深入交流，给我启发和灵感；感谢帮助我查找资料和校对的唐玮同学和张新宽同学。

　　感谢论文评审专家提出的中肯的修改意见，为我的论文修改指明了方向；感谢本书中所有参考文献资料的作者们，他们的研究成果和论点为我找到了坚实的依据；感谢上海三联出版社为本书的出版作出的努力。值此本书出版之际，谨致以最诚挚的敬意和最衷心的感谢。

最后，感谢我的父母、丈夫和儿子。正是他们默默无闻的奉献和一如既往的鼓励与支持，才使我有信心和毅力完成学业。

学业的完成并不意味着学习生涯的结束，学海无涯，学无止境，真诚希望所有给予我帮助的领导、老师和朋友们继续激励我、支持我、帮助我，终生学习，永不停止。

徐晓雯
2011 年 3 月

参考文献

［1］ Aghiou, P. , Howitt, P. Model of Growth through Creative Destruction Econometrical, 1992,60:323～352.

［2］ Arrow, Kenneth J. Economic Welfare and the Allocation of resources for invention in richard nelson. Princeton: Princeton University Press, 1962:609～625.

［3］ Arundel, Depaal, LSoete. PACE Report: Innovation Strategies of Europe largest firms; result of the PAC survey for information Sources. Public research. Protection of innovations and government programs. Final report. Maastricht: MERIT. Universtiy of Limburg, 1997.

［4］ Barro, R. J. , Sala‐i‐Martin, X. . Public Finance in Models of Economic Growth. Review of Economics Studies, 1992,59:645～661.

［5］ Barro, R. J.. Government spending in a simple model of endogenous growth. Journal of Political Economy, 1990,98:103～125.

［6］ Buxton, A. J. The process of technical change in UK manufacturing. Applied Economics, 1975,7:53～71.

［7］ Capron, H. , Van Pottelsbergue, B. . Public support to business R&D: a survey and some new quantitative evidence. OECD Working Paper, 1998.

［8］ Committee on Science, Engineering, and Public Policy on the Government Role in Civilian Technology. The Government Role in Civilian Technology: Building a New Alliance. Washington DC. National Academy Press, 1992.

［9］ Cregory Tassey: The Economics of R&D Policy. Greenwood Publishing Grroup,. Inc. 1997.

［10］ Cuellec, D. Potte lsberghe, B. V.. The impact of public: R&D expenditure on business R&D. Paris OECD Working Papers, 2000.

［11］ David, P. A. , Hall, B. H. , Toole, A. A.. Is public R&D a complement or substitute for private R&D? A review of the econometric evidence. Research Policy, 2000,29:497～529.

［12］ Dominique Guellec, Bruno Van Pottelsberghe. Does government support stimulate private R&D? OECD Economic Studies, 1999:99.

［13］ Dominique Guellec, Bruno van Pottelsberghe. The Impact of Public R&D Expenditure on Business R&D. Economics of Innovation and New Technology, 2003,12:225～243.

［14］ Dominique Guellec, Bruno Van Pottlesberghe. The Impact of Public R&D Expenditure on Business R&D. OECD Working Paper, 2000.

［15］ Engen, E. ,J, Skinner. Fiscal Policy and Economic Growth. NBER Working Paper No. 4223,1992.

［16］ Erik Aronold, Ben Thuraux. Forbairt basic research grants scheme: An evaluation. Dublin: Forfas, 1998.

［17］ European Commission. Building the ERA of knowledge for growth. 2005:1～5.

［18］ Fishman Arthur, Rafael Rob. Product Innovation by a Durable Good Monopoly. Rand Journal of Economics, 2000,31(2):237～253.

［19］ Freeman C. Technology Policy and Economic Performance: Lessons from Japan, London: Printer Publishers, 1978,8:50～55.

［20］ Freeman. C. The National System of Cambridge Journal of-Economics,, Innovation in Historical Perspective. 1995,1.

［21］ Garcia- Quevedo, Jose. Do Public Subsidies Complement Business R&D? A Meta-Analysis of the Econometric Evidence. Kyklos, 2004, 57:87～102.

［22］ Griliches S. ,. Productivity, R&D and Basic Research at the Firm Level in the 1970s. Americal Economic Review, 1986,76:141～154.

［23］ Grossrnan, G. M. , Helprnam, E. Innovation and Growth in Lhe Global Econorny. Cambridge: MA, MIT Press, 1991.

［24］ Hamberg, D. R&D: Essays on the Economics of Research and Development. Random House. New York, 1965.

［25］ J. Fagerberg: "Why growth Economic Theory, London: rates differ" in Dosietal (eds.): Technical Change and Pinter Publishers, 1988.

［26］ J. Thomas Ratchford. Science and Technology in Government and Industry: whence and whither. Technology in Society, 1997,19:211~235.

［27］ Jean-Jacques Salomom. Science and Politics. London: Macmillam press, 1973. Introduction. Pxix.

［28］ Jesse S. Tatum. Energy Possibilities. New York: State University of Mew York Press, 1995:15~22.

［29］ Jose. Do public subsidies complement business R&D? A meta-analysis of the econometric evidence. Blackwell Publishing, 2004,2.

［30］ Kerssens, Cook. Design Principles for the Developing of Measurement Systems for R&D Processes. R&D Management, 1997,4:345~357.

［31］ Krugman, P. R. A Model of Innovation, Technology Transfer and the World Distribution of Income. Journal of Political Economy, 1979,87: 253~266.

［32］ Lach S. Do R&D subsidies stimulate or displace private R&D, evidence from Israel. The Journal of Industrial Economics, 2002:50.

［33］ Malm berg A. Industrial geography: location and learning. Progress of Human Geography, 1997,4.

［34］ Mansfield, Social and Private Rates of Return from Industrial Innovations. Quarterly Journal of Economics, 1977,77:221~240.

［35］ Mansfield E. , Basic research and Productivity Increase in Manufacturing. American Economic Review, 1980,70:863~873.

［36］ Marco Ceccagnoli. . Firm Hetero geneity, Imitation and the Incentives for Cost Reducing R&D Effort. The Journal of Industrial Economics, 2005,3:83~100.

［37］ Maryann P. Feldman, Maryellen R. Kelley. The exante assessment of knowledge spillovers: Government R&D policy, economic incentives and private firm behavior. Research Policy, 2006,V 35(10):1509~1521.

［38］ N. Lichfield. Evaluation in the Plannyng Process, Oxford: Perganmein press, 1975.

［39］ Nelson R. R. NationalInnovation Systems: A Comparative Anaiysis. NewYork: Oxf ord University Press. 1993.

[40] Nelson, R. R.. The simple economics of basic scientific research. Journal of Finance, 1959,49(3):1015～1040.

[41] OECD: The impact of public R&D expenditure on business R&D, STI working Papers, 2000. 4.

[42] P. A. Samuelson. The pure theory of public expenditure. Review of Economics and Statistics, 1954:387～390.

[43] Park Walter G. , A Theoretical Model of Government Expenditures Research and Growth. Journal of Economic Behavior & Organization 1998,34:69～85.

[44] Patel P. , Pavitt K. The Nature and Economic Importance of National Innovation Systems. Economics of Innovation and New Technology, 1994,3:77～95.

[45] Paul Beije. Technological Change in the Modern Economy: basic topics and new developments. Cheltenham, UK, Northampton, MA, Edward Elgar Publishing, 1998:115.

[46] Paul. A. David, Brounwyn, H. Hall & Andrew, A. , Toole. Is Public R&D a Complement or Substitute for Private R&D? A Review of the Econometric Evidence Research Policy, 2000,3:497～529.

[47] Ping Lan, Transfer to China through Foreign Direct Investment, Ashgate Publishing T. invited, 1996.

[48] Porter, M. E. , Stern, Scott, & Furman, Jeffrey L, 2000. The Determinants of National Innovative Capacity. NBER Working Paper, 2000, 9:7875.

[49] Robert E. Hall, Charles I. Jones. Why do some countries Produce so much more output per worker than others?. The Quarterly Journal of Economics. 1999:83～116.

[50] Robert J. W. Tijssen. Universities and Industrially Relevant Science: Towards Measurement Models and Indicators of Entrepreneurial Orientation. Research Policy, 2006,35:1569～1585.

[51] Rohson, M. Federal funding and the level of private expendirure on basic research. Southern Economic Journal, 1993:60～63.

[52] Romer, P. M. Endogenous Technological Change. Journal of Political Economy, 1990,10:71～102.

[53] Romer, P. M. Increasing return and long-run growth. Journal of political economy, 1986:1002~1037.

[54] S. Lundsted. E. Colglazier (eds). Managing Innovation. New York: Pergamon Press, 1982:45.

[55] Schumpeter, J. A. The Theory of Economic Development. Cambridge, MA: Harvard University Press, 1934.

[56] Schumpeter. J. A. Capitalism, Socialism, and Democracy. New York, NY: Harper & Brothers, 1942.

[57] Schumpeter. J. The Theory of Economic Development. Cambridge: Harvard University Press, 1925.

[58] Scott A. New industrial spaces: flexible production organization and regional development In North America and wetern Europe. London: Pion, 1988.

[59] Standeven, p. Financing the early satage technology firm in the 1990s, an international perspective. Unpublished. Discussion. paper. Six country proggramme.

[60] Theofanis P. Mamuneas, M. Ishaq Nadiri. Public R&D policies and cost behavior of the US manufacturing industries. Journal of Public Economics, 1996,1:57~81.

[61] Tirole J. The theory of Industrial Organization. Cambridge MA: MIT Press 1988.

[62] Wells. L. AProduct LifeCycle for International Trade. Journal of Marketing, 1968,7:1~6.

[63] William A. Hetzner, Teresa R. Gidley, Denis O. Gray. Cooperative research and Rising Expectations Lessons from NSF's Industry-University Cooperative Research Centers. Technology in Society, 1989, 11 (3):335~345.

[64] Yingyi, Qian. Incentives and Loss of Control in a Optimal Hierarchy. Review of Economic Studies, 1994, 61:527~544.

[65] 安宁,罗珊. 主要创新型国家科技投入分析及经验借鉴. 华南师范大学学报,2008(4):32~34。

[66] 保罗·萨谬尔森,威廉·罗德豪斯. 经济学. 北京:华夏出版社,2000。

[67] 操龙灿,杨善林. 产业共性技术创新体系建设的研究. 中国软科学,

200 5(11)。

[68] 曹燕萍,刘雅利.论企业科技创新中"试错"的税收宽容.财经理论与实践,2009(1):74~78。

[69] 陈昌曙.技术哲学引论.北京:科学出版社,1999。

[70] 陈凤娣.论科技创新的运行机制.福建师范大学博士学位论文.2008。

[71] 陈国庆,王叙果.公共产品纯度:公共产品市场建设的理论基础.财贸经济,2007(10):71~75。

[72] 陈昭锋,黄巍东.高新技术产业化与政府行为创新.北京:中国物资出版社,2001。

[73] 成思危.论创新型国家的建设.中国软科学,2009(12)。

[74] 丛树海,周炜,于宁.公共支出绩效评价指标体系的构建.财贸经济,2005(3)。

[75] 戴毅,牛昕等.创新导向型财政支出与全要素生产率关系的实证分析.开放导报.2009(2):100~105。

[76] 戴毅.创新导向型财政理论与政策选择:基于国际比较的研究.南开大学博士学位论文.2009。

[77] 邓向荣,周密,刘乃辉.政府科技投入绩效评价指标的有效性分析.天津科技,2005(5)。

[78] 邓小平.科学技术是第一生产力.(邓小平文选)第三卷.北京:人民出版社,1993。

[79] 丁娟.创新理论的发展演变.现代经济探讨,2002(6):28~29。

[80] 杜文献,吴林海.政府R&D投入对企业R&D投入的诱导效应.科技进步与对策,2007(11)。

[81] 范柏乃,江蕾,罗佳明.中国经济增长与科技投入关系的实证研究.科研管理,2004:104~109。

[82] 付文林,沈坤荣.中国公共支出规模与结构及其增长效应.经济科学,2006(1):20~29。

[83] 高梁.国家创新体系中的政府责任.中国改革,2006(9)。

[84] 高培勇.公共经济学.北京:中国人民大学出版社,2004。

[85] 高仁全,郭红等.四川省财政科技投入的现状、问题及对策.经济体制改革.2004(4):137~141。

[86] 郭庆旺,赵志耘.财政学.北京:中国人民大学出版社,2002。

[87] 郭庆旺.科教兴国的财政政策选择.北京:中国财政经济出版社,2003。

［88］ 国家中长期科学和技术发展规划纲要(2006—2020)。

［89］ 胡恩华.我国科技投入经济效果的实证研究.科研管理,2006(4)：71～75。

［90］ 胡锦涛在中国共产党第十七次全国代表大会上的报告。

［91］ 胡永平,祝接金,向颖佳.政府科技支出、生产率与区域经济增长实证研究.科技进步与对策.2009(8)：24～27。

［92］ 贾康.科技投入及其管理模式研究.北京：中国财政经济出版社,2005。

［93］ 简兆权,刘荣.财政投入对企业创新的宏观效应研究—基于广东的案例.科学学与科学技术管理.2009(8)：59～61。

［94］ 江泽民.加强技术创新.江泽民文选第2卷,北京：人民出版社,2005。

［95］ 蒋洪.财政学.北京：高等教育出版社,2000。

［96］ 节艳丽,杨舰.新时期日本科技政策的转型.科学学研究,2003(6)：611～614。

［97］ 靳涛.从新经济的兴起看技术创新与制度创新.经济研究,2004(11)。

［98］ 经济合作与发展组织.以知识为基础的经济.机械工业出版社,1998。

［99］ 卡拉克.J,米勒等.政府在企业与科技发展中的作用—可供中国参考的几种思路.王报换,崔存明译.国外理论动态.2006(7)。

［100］ 寇铁军,孙晓峰.我国财政科技支出实证分析与政策选择.地方财政研究,2007(3)：4～9。

［101］ 李应博.科技创新资源配置.北京：经济科学出版社,2009。

［102］ 梁文凤,任大鹏.内蒙古农业大学学报(社会科学版),2008(3)。

［103］ 刘凤朝,孙玉涛,刘萍萍.中央与地方政府财政科技投入结构分析.中国科技论坛,2007(10)：65～67。

［104］ 刘凤朝,孙玉涛.我国政府科技投入对其他科技投入的效应分析.研究与发展管理,2007(6)：100～107。

［105］ 刘和东.政府科技投入与自主创新能力关系实证研究.科学学与科学技术管理,2007(1)。

［106］ 刘穷志.财政激励的理论模型与实证研究.武汉大学出版社,2009。

［107］ 柳卸林.技术创新经济.北京：中国经济出版社,1993。

［108］ 吕忠伟,袁卫.政府科技投入和经济增长关系的实证研究.管理科学与研究,2006,24(5)：105～108。

［109］ 罗介平.关于调整我国财政科技支出范围与结构的对策思路.经济与管理,2001(12)。

[110] 马克思恩格斯选集(第1卷).北京：人民出版社,1995。

[111] 马学.推动自主创新的财政政策工具理论及实证研究.河北工业大学博士学位论文.2008。

[112] 迈克尔·波特.国家竞争优势.北京：中信出版社,2007。

[113] 曼斯菲尔德.微观经济学—理论与应用.北京：中国金融出版社,1992。

[114] 彭华涛,王峰.财政科技投入产出效应研究.中国科技论坛,2010(1)：5~8。

[115] 彭华涛.武汉市政府科技投入乘数及触发效应分析.科技进步与对策,2007(11)。

[116] 秦宇.中国工业技术创新的经济分析.北京：科学出版社,2005。

[117] 丘昌泰.公共政策.台北：巨流图书公司,1999。

[118] 邱曼萍,陈洪斌.知识经济的实质及不完全收益递增.经济学消息报,1998(4)。

[119] 沈力.美国基础研究概况.全球科技经济瞭望,2001(10)。

[120] 沈荣华.政府机制.北京：国家行政学院出版社,2003。

[121] 盛刚.加强政府科技投入绩效的评价工作.天津科技,2005(5)。

[122] 师萍,许治.基于DEA方法的我国科技投入相对效率评价.科学研究,2005(5)：481~483。

[123] 斯蒂格利茨.经济学.北京：中国人民大学出版社,1997。

[124] 孙晓峰.自主创新财政支持的理论基础与政策选择.财经问题研究,2008(6)：78~84。

[125] 特伦·基莱.科学研究的经济定律.王耀德译.河北：科学技术出版社,2002。

[126] 王建华.第三部门视野中的现代大学制度.广州：广东高等教育出版社,2008。

[127] 王敏.政府财政教育支出绩效评价研究.北京：经济科学出版社,2008。

[128] 王仕图.公设民营的迷思：非营利组织理论观点反思.社区发展季刊,85：157~158。

[129] 王书玲,赵立雨.政府科技投入的国际比较及目标强度研究.科技进步与对策,2009(9)：9~11。

[130] 王小利.关于继续加强财政支持下科技投入的政策思考.科学管理研究,2005(2)：62~64。

[131] 王艳,徐东.基于公共财政的财政科技投入模式浅析.科技创业月刊,

2007(11):53～54。

[132]　威廉·J,克林顿,小阿尔伯特·戈尔. 科学与国家利益. 北京:科学文献出版社,1999。

[133]　魏江,许庆瑞. 企业技术创新机制的概念、内容和模式. 科技进步与对策,1994(6):37。

[134]　吴永忠. 论技术创新的不确定性. 自然辩证法研究,2002(6):37。

[135]　肖鹏. 公益事业财政科技投入模式研究. 中央财经大学学报,2005(12)。

[136]　谢福泉,任浩,张军果. 财政科技投入绩效评价体系的构建——科技项目后评价视角. 中国科技论坛,2006(6)。

[137]　谢福泉. 财政科技投入产出绩效评价指标的选择. 统计论坛,2008(8):15～21。

[138]　谢虹. 基于层次分析法的科技财政支出绩效评价研究. 中央财经大学报,2007(4)。

[139]　徐博. 促进我国自主科技创新的财税政策研究. 北京:经济科学出版社,2010。

[140]　徐俊. 从全面建设小康社会的目标看调整我国政府科技投入结构的必要性. 科技导报,2005(10):72～75。

[141]　徐晓雯,丛建阁. 行政管理学. 北京:经济科学出版社,2009。

[142]　许治,师萍. 政府科技投入对企业 R&D 支出影响的实证分析. 研究与发展管理,2005(3):22～25。

[143]　许治,周寄中. 政府公共 R&D 与中国经济增长——基于协整的实证分析. 科研管理. 2007(4):60～66。

[144]　亚当·斯密. 国民财富的性质和原因的研究(上、下卷). 郭大力,王亚南译. 北京:商务印书馆,1974。

[145]　严成樑. 政府研发投资与长期经济增长. 经济科学. 2009(2):45～50。

[146]　姚洋,章奇. 中国工业企业技术效益分析. 经济研究,2001(10):13～19。

[147]　于光远. 自然辩证法百科全书. 北京:中国大百科全书出版社,1995。

[148]　余小方,余振乾等. 对陕西省财政科技投入管理体制的调整和完善. 中国科技论坛. 2004(2):87～91。

[149]　袁志明,虞锡君. 财政科技投入绩效的内涵及评估实证分析——以1999—2001 年嘉兴市市本级为例. 浙江统计,2004(1)。

[150] 约瑟夫·斯蒂格利茨.政治经济学.长春:春秋出版社,1985。

[151] 约瑟夫·熊彼特.经济发展理论.何畏等译.北京:商务印书馆,1990。

[152] 张军果,任浩,谢福泉.项目后评价视角下的财政科技项目绩效评估体系研究.科学与科学技术管理,2007(2):14~20。

[153] 张青,陈丽霖.地方政府财政科技投入产出效率测度模型的研究.研究与发展管理,2008(10):102~106。

[154] 张青.上海市政府科技投入在工业企业中的效率评价.中国科技论坛,2006(11):36~38。

[155] 张仁开,孙长青.外资R&D机构绩效测评指标体系研究.世界经济研究.2007(2):32。

[156] 张晓玲.论政府科技投入的形式、性质、目标和功能.长江论坛,2006(6):59。

[157] 赵建强.我国地方政府科技投入行为研究.大连理工大学博士学位论文.2009。

[158] 赵玉林.创新经济学.北京:中国经济出版社,2006。

[159] 赵志耘.科技规划:科技融入经济社会发展主战场的实施蓝图.学习时报.2010(11)。

[160] 郑伟.全球化与第三条道路.湖南:湖南人民出版社,2003。

[161] 朱春奎.财政科技投入与经济增长因果关系的实证研究.经济经纬,2006(6):119~121。

[162] 朱春奎.政府科技投入与经济增长的动态均衡关系研究.科学与科学技术管理,2004(3):29~33。

[163] 朱志刚.财政支出绩效评价研究.北京:中国财政经济出版社,2003。

图书在版编目(CIP)数据

中国政府科技投入：经验研究与实证研究/徐晓雯著. —上海：上海三联书店，2011.9
ISBN 978 - 7 - 5426 - 3615 - 7

Ⅰ.①中…　Ⅱ.①徐…　Ⅲ.①科学技术—政府投资—研究—中国　Ⅳ.①G322

中国版本图书馆 CIP 数据核字(2011)第 148381 号

中国政府科技投入：经验研究与实证研究

著　　者／徐晓雯

责任编辑／姚望星
装帧设计／王　思
监　　制／任中伟
责任校对／张大伟

出版发行／上海三联书店

(201100)中国上海都市路 4855 号 2 号楼 10 楼

印　　刷／上海展强印刷有限公司

版　　次／2011 年 9 月第 1 版
印　　次／2011 年 9 月第 1 次印刷
开　　本／890×1240　1/32
字　　数／210 千字
印　　张／7.875
书　　号／ISBN 978 - 7 - 5426 - 3615 - 7/F·598
定　　价／26.00 元